知名主播
詹慶齡

秋葉落下之前

活在燦盛熟齡時

方舟文化

秋葉落下之前：活在燦盛熟齡時

目錄

第一章

041 夢洄時分

典藏繁花盛開的時光相簿

走過青澀歲月，去程依然迂迴
所幸圓熟的旅人，已知道如何通往幸福的原點

第二章

找到救生圈，或成爲別人的救生圈

經歷狂風暴雨，也許會損失點什麼
但一切都會被洗滌透澈，因而得見那抹美麗的虹

第三章

該怎麼做，就怎麼去做

順勢而為，順心而活，隨緣盡分就及格了
人生需要的東西，其實沒有那麼多

第四章

123 念舊惜情

愛都愛了，沒有所謂割不割捨

不苛求，不怨懟，也不用試圖回到那個時候
確確實實愛過傷過的痕跡，都是彌足珍貴的寶藏

第五章

氣壯弩強

可以被打敗，但絕不倒下

幸福不是某種狀態，而是一種心態
終於明白一切，因而無所畏懼，也因此活得比青春更青春

第六章

海闊天空

以你之名，掌舵人生新里程

面對人生最寬廣的海口

拋下過去的成敗得失，迎著風浪只管一路前行

致歲月

當你來到以為永遠不會到來的年紀，會發現事情和原先想的不太一樣。

首先，你衷心認為自己並不如生理數字所標示的那麼「老」，即使孩子大了、肚子圓了、眼睛花了，仍不到時候與青春就此別過。

然而你就是神奇地變了，例如愛不釋手大半輩子的東西，沒來由地魅力大減，它們在櫥窗裡依然閃亮，也足以招喚你停下腳步欣賞片刻，卻再也無法誘使你從口袋豪爽掏錢埋單，現在的你，似乎沒什麼非要擁有不可的了。

更出乎意料的是，你竟然徹底轉性到連自己的眼鏡都跌破，明明當了幾十年沙發馬鈴薯，卻趕時髦似地把發福的身軀塞進緊身運動衣裡，到健身房聽命於過去眼中的小屁孩，讓他一個口令一個動作地教你如何呼吸、伸展、重訓、深蹲，同時間，你還不忘約三五好友抽空往戶外爬山健走，享受山嵐景緻、呼吸新鮮空氣，天知道，一直以來，你對大自然可是一點特殊情感都沒有。

你終於肯動一動那個懶懶多年的身體，然後在某一天，你驚覺自己連飲食口味都變了，不再無肉不歡，偶爾清淡茹素也能飽足，甚至願意接受一些以前絕不可能放進嘴裡的食物，只因為「研究證明」它們能有效提供現階段所需的營養成分，基於同樣理由，你也學會忌口，熱愛美食如故，但已經能不費力地控制口腹之慾了。

你的質變可能還包括：對這個世界順眼和不順眼的事情，反應似乎都不再那麼直觀、激烈，狂喜或憂悶的情緒有效期限也在逐漸縮短當中，偶爾，你還會寬心得快要不認識自己，狐疑那些從前在乎到夜不能寐的困擾跑哪去了？

你，是我，也是廣大的我輩中年們。

歲月流淌，經過數十年，將我們淘洗成現今的模樣，它悠悠緩緩，悄無聲息地推移我們到一個個未知之境，無聲的力量沛然莫之能禦，殘酷又溫柔，對眾生一視同仁不假辭色，印刻在每個生命的尺度和速度毫無二致；它也是最忠實的友伴，寬容我們的喜怒悲歡、不可理喻，只靜觀不干擾，默默守護我們走過輕狂躁動，邁向成熟穩定；當然，歲月無庸置疑地博學多聞，只要我們願意，它隨時提供無始以來的智慧精華任憑擷取。

然而歲月常被汙名化，感慨去日苦多，喚它無情，年華消逝，稱它殺豬刀，其實歲月有心，端看能否領會，當我們以為被歲月剝奪了青春，轉身才看見原來生命裡別有洞天；當我們哭嚎歲月釀成生離死別，它同時送來愛與珍惜，並為我們祕密籌謀下一次重逢。

人屆中年，用掉超過半數歲月，剩餘多少不得而知也無須揣測，如今只想說，謝謝過去、現在、未來每一時每一刻的關照，致歲月！

詹慶齡

被新聞工作「耽誤」的作家

政大教授、前NCC主委 蘇蘅

美國著名心理學期刊《*Psychology Today*》曾報導，熟年世代比年輕人更快樂、更浪漫，對生活更滿意，和一般人想像不同。

心理學家Sonja Lyubomirsky更說，對許多人來說，最好的時光是在生命的後半段。可能是我們意識到自己歲月已流逝大半，改變了看法，專注於當前的積極經歷，這些經歷帶來的是和平與安寧，而不是興奮與喜悅。

《秋葉落下之前》作者詹慶齡對熟年人生的詮釋，告訴你我，只要有一點清醒與超脫的寬容，熟年就會變得不再乏味，反而幽默輕鬆。不過這本書有更多她的參透和豁達的人生藝術。

詹慶齡，曾經是台灣紅極一時的電視新聞主播。我認識她時，她除了是專業新聞主播，還是用心點燃社會良知的新聞人，製作「不能吃的秘密」，得到卓越新聞調查報導獎。台下的她，是位會花很多時間，追求知性成長的主播。

這本書主要集結近年她在《蘋果日報》的〈名采〉專欄文章，就像滾石合唱團的名言：「你不能老是得到想要的東西，但是，如果有時嘗試，就可能發現你已得到想要的東西。」慶齡也用更成熟但不同的視野，帶你我進入熟年世界的風景。

她仔細觀察這個世界，用文字描述她看見的東西，試著抓住一些訊息，裡面有西方邏輯思維，也有東方精神靈動，文筆清晰、毫不造作，誠摯提出人生問題，讓讀者品味人生百態，自行尋找解答。像是她對歲月的看法：

時間旅行很迷人，但我還是寧取現在，眼前擁有的，就是我最好的時光。

原來中年的悲傷是重重受限的，眼淚必須適可而止，頹喪只能暫留片刻，我們任重道遠，除了繼續摸索前進的正確方向，還要自成另一片堅實濃密的樹林，以庇蔭、導引後方旅者。

她展現交友的平和與寧靜的智慧，是重質不重量的轉變：

我們都有過「施」與「受」兩造間轉換角色的經驗，有時受惠，有時付出，哪個時刻、怎麼輪替，往往不在意料之中，但循環幾次後便能知曉。感念他人就是回饋自己，有溫度的人際互動像是種正向迴圈。

我再也不勸自己與他人停止想念了，生理機制會巧妙地發揮自助功能，終止身體和心靈的過度哀傷。化不去的思念，無傷無害，就讓它自然靜置心中一隅。

生活出現新的重心，更依賴便利商店，享受人際溫暖的小確幸：

久而久之，與超商店員竟建構出一種現代新型態的鄰里關係，他們會記住常客的消費習慣，機靈地提醒：「這陣子洗衣粉第二件半價喔！」「你喜歡的那款黑麥汁最近會促銷，要不要幫你代訂？」更細心點的，取貨時還會像朋友般問候：「博客來嘛，就知道是你的，很常買書喔！」

她的獨處既恬淡又有新活力：

特定的夜晚，由著熟悉的旋律，串連起生命的現在進行式與過去式，凝聚著陌生的彼此共感唱和，人們微妙地時而融為一體，時而在樂音中飄向各自的往日情懷，同一首歌觸動無數不同心弦。

她重新燃起讀書的動力：

課外書刊巧妙暗示了一種「為自己而讀」的主觀滿足，內心因為放鬆而專注，文字變得鮮活有效，所以能吸收快、記憶深。說到底，不帶功利目標，單純地閱讀，才能創造趣味。

她看到的熟年世界有深度，有智慧，具有熟年生活的質與量。可和她近年主持叫好又叫座的節目《名人書房》相互呼應。《名人書房》不只帶觀眾博覽群書，還走進名人生活，進行透澈和一貫深刻的討論，開展各種話題。用既詩意又理性的對話，閱讀作家讓人不敢置信的人生剖面。

一位步入熟齡的作家、主持人、社會觀察家、人生品讀者，以細膩的觀察和生命的領悟，提醒大家如何用新態度和思考，面對熟年。書中每個叮嚀，都是她對生活的深刻體認。無論是歲月、健康、愛情、財富、獨處或待人接物。

慶齡筆下有輕柔的靈性之美，是對人生感到圓滿的富足心境，閱讀起來如輕風吹拂，令全身輕快無比，亦如掙脫人間所有的枷鎖，光亮逐漸照射進來。這本書真誠寫出人類情感與社會寫實，文風優雅，字裡行間處處顯現良知與不俗的醒世意味，開創了熟年寫作的小清新。

我不禁覺得，慶齡實在是被新聞工作「耽誤」的作家，這本書有多種的文學意象，既前衛而當代，像是在迷霧中摸索了年歲、愛情、友情，和對不同生活的試探。現代的慶齡和昔日的她不斷在書中相遇，產生有趣的對比，也刻下女性的心靈成長軌跡。

慶齡彷彿述說：熟齡雖然不是更風平浪靜，卻是心理的成熟高峰，你我要全然寬容看待自己的新「空閒」。本書不只是慶齡觀照自我，也是成就他人的心靈雞湯。即使點滴小事，也使你我擁有力量，比以往更加欣賞自己，如果用心經營這段獨一無二的人生旅程，將開出幸福花朵的人生智慧。

妙齡到熟齡的慶齡

資深新聞主播、主持人 蘇逸洪

認識慶齡，從她「妙齡」到「熟齡」。

我和「妙齡時期」慶齡的關係，是播報台的螢幕情侶、是樓上樓下的鄰居，從工作點滴到生活起居，她的悲愁歡喜，我幾乎無役不與。

基於以上證據，我自認與慶齡的情誼是「閨蜜」等級。

相熟二十五年，慶齡自稱「熟齡」並且以熟齡為主題出書了。

從外表看，慶齡其實還是維持女孩般清新啊！但當我閱讀完書裡的每一篇章才恍然發現，喔！原來慶齡的「熟齡」是一種心境，更是一種在歲月淬鍊裡記錄下種種「變」與「不變」的心情。

就先來說說從慶齡書中發現的「不變」……

不變的慶齡，永遠保有一顆純淨的赤子之心。這從書裡〈關於成熟二三事〉篇章中她寫道：「天啊！幾歲了？還迷海賊王」……「無論幾歲，我們都可以選擇活得圓熟而純真，世故又善良！」對！這就是我認識的慶齡。

不變的慶齡，也依舊不愛追求虛華的表象。從〈只是朱顏改〉她說：「我個人更偏好內蘊涵養所淬鍊出的知性質感——第一眼未必驚豔，但經久耐看，越陳越香」還有〈脫掉高跟鞋〉中：「勉強的心，事做不好；咬腳的鞋，路走不長，舒適感是生活最重要的品質」不騙你！這都是真實的慶齡，不只不崇尚物質，對性靈的追求，更無遺的展現在擇偶標準跟感情潔癖裡。

慶齡的不變，還有孝順。這從〈和母親做朋友〉：「父母不完美，但仍值得我們去愛，就像父母也愛著他們不完美的孩子」，〈嘗一口幸福滋味〉：「不要只用『拖累』來思考，不要忘記他們是你愛的人，也是愛你的人」以及〈中年告別課〉：「通透生死是成熟的表現，但這並不是教人冷漠地解脫情感的羈絆……化不去的思念，無傷無害，就讓它自然靜置心中一隅，留做我們此生曾經交會的證據」這些話語，再再都讓我想起，慶齡對父母、家庭一直以來的付出與關懷。

哈！還有，慶齡最有意思的不變是：看似柔美嬌小的外表底下，卻暗藏如男人般豪邁義氣的俠女個性。這在她兩篇描寫金庸的章節〈我的金庸歲月〉〈刀劍如夢〉提及「十五歲第一本《射鵰英雄傳》開始，二十餘年練功」，應該是從少年就被植入黃蓉般的潛移默化。於是，她待朋友、處理新聞，都充滿俠義風範，作奸偏袒沒得商量！

同樣女漢子般的是在〈走進棒球時光隧道〉這篇，再度喚起你我對慶齡的初始記憶。慶齡進入媒體的第一份工作，可是個體育記者，慶齡電視播報的起點，可是棒球賽實況轉播主播。只要聽她說起各種體育賽事記錄規則和選手戰績，哇！連我這個男性，都遠遠的自嘆弗如！

再來說說慶齡更讓我自嘆不如的轉變……

熟齡的慶齡，更用功用心對人了，尤其看她在《名人書房》的訪談，我每每驚訝於她一定看完而且消化完受訪者的每一本著作跟人生，才能訪談的讓觀眾淺顯聽懂，讓來賓深深感動、備受尊重。這在〈為自己讀書〉篇中，慶齡客氣寫道：「慶幸終於稍微懂得：如何用自己喜歡的態度，去好好閱讀一個人了。」可以領略，讀別人的人生，其實是自己的成長。

還有，熟齡的慶齡，變得會做菜也愛做菜了！天啊！印象中妙齡的慶齡，根本沒動過鍋鏟，她竟然可以在這本書裡，用了四篇文章（〈熟女廚房〉〈為家人做晚餐〉〈半個君子〉〈廚師夢〉）來描述烹小鮮的心得，這可真的叫做「大變」啊！而且，我嚐過詹主播親手做的料理，保證專業級！我發誓！

而如果你想感受一下自稱熟齡的慶齡，是否真的變成有某些飄著大嬸味的部分？哈！我衷心建議翻閱一下〈中年人的水龍頭〉〈中年宅〉〈大叔大嬸的愛〉這幾個篇章，保證你笑著發現：原來，專業女主播也有歐巴桑的一面，人性家常展露無遺。

最後，我還想無私與你分享慶齡書中，我最喜愛的金句跟篇章：

〈偶像老矣〉寫我輩偶像明星的年華變化，〈第二個青春期〉為中年熟齡定義了充滿陽光希望的開朗註解，都寫得極有觀點充滿畫面，讓我讀完都想拍手不停叫好！

而〈她去聽演唱會〉、〈夏花與秋葉〉、〈傷別離〉更分別擊中我的心臟：

「常常複習過去的我，預做規劃未來的我。」

「這一生的旅途太精彩，而我始終流連於每個季節都太美。」

「人生的列車到站時間不同，至少一路的風景我們曾認真看過。」

我想，她的這三句話，就連結起了你與我與慶齡的人生下半場。從青春妙齡來到中年熟齡，莫要懷疑憂心，更要時刻自我提醒，常抬起頭看看陽光美景，再跨穩大步笑笑往前邁進。

就享受，秋葉落下之前，專屬我們的熟齡好時光吧！

湖風上的清恬智慧

媒體評論作家　王尚智

長久以來，我不時到慶齡的心事裡划槳，吹吹風。

她確實是懂得自我梳理的女生，不會把自己弄成鬱悶森林。我們是講五句話，就要有一句吐槽成笑料的習慣模式，萬千話題揉斂成風，世事生涯都在心湖中逍遙穿越。

我們一同走過電視媒體工作的風光，雖說都是日夜勞頓換來。一九九六年她從瀟灑略帶邋遢的體育記者，被抓來播新聞試鏡。即使當時生嫩且螺絲滿地，仍有一股奇妙的清恬穩健，隨後也正式從體育採訪，跨入激盪洶湧的政經社會新聞播報，在後來的二十多年間軸成她的工作與形象。

人都是由「天生性格＋工作專業」在歲月起伏中熟成一種味道。詹慶齡的基本構成就是「晴朗湖風＋電視新聞」所築染，始終願意帶著一種俐落正面的視角看待世界與人生。這也是為何當報紙主編請我推薦些生鮮的專欄新寫手時，我第一個想起了她！

說來電視是以「影像」為主的媒材，文字僅訴求淺顯簡單，並不容思想複雜的層次鋪排。我與慶齡彼此長年友誼的嬉鬧捉弄中，她始終是以略顯精煉無贅的詞語進行「搞笑」；尤其特別擅長鋪墊，而後直擊笑點癢處。這些獨特且慧黠的思考亮點，後來果然清晰盡顯在她的眾多專欄主題中。

事實上，寫作也是某種更深入的梳理，某些時候成為自我的訴說與療癒。慶齡後來因為健康調養的考量而離開了媒體職場，也告別了觀眾粉絲的目光，包括她更早前也經歷過工作瓶頸、生涯跳槽的風險與跌宕。如今隨著她開始書寫專欄，這些切身關於「抉擇」的真實親歷，也成為了一種智慧的「稜鏡」，交錯投影出成熟且負責的見地。

與一干女主播們的交情中，慶齡是少數向我託付重要心事與抉擇的好友。我們一同走過她的情感與婚姻、生涯與追尋，儘管她多次宣稱請我吃飯卻總是當天忘帶錢包，所幸我也必定索命追討絕不寬貸。今後情誼勢必也將這麼堅定的相互散打且彼此支持下去！

身為「女主播成女作家」的關鍵催生者，眼前慶齡終於結集且再反覆揉寫成她的第一本書，自然也得有我推薦作序的一份心意與紀念。

爲自己而讀的樂齡中年

冠德玉山教育基金會董事長　馬紹齡

緣分真的很奇妙！在認識慶齡前，只覺得她是個非常優秀的主播，應該是嚴謹規律但不隨和，但是透過冠德玉山教育基金會《名人牀頭書》節目和慶齡結識，而後邀請她擔任基金會董事，接著共同製播《名人書房》，慢慢的發現慶齡與我因年紀相仿，成長環境相似，因此有許多話題可以聊，常常覺得可以從她那得到較多的想法，也因為口味相近，彼此會分享美食，在這忍不住透露她還是我的團購隊長，她介紹的一定好！

這本書集結慶齡發表在《蘋果日報》上的專欄文章，篇篇都切中了中年人的生活重心，透過慶齡的文章，中年人要面對長輩逐漸遠去，除了不捨，有更多的是要如何安排，怎麼做才能使自己放心與放下，並且學習如何看待自己的未來，使生活變得更自在，自己可以隨心所欲去享受當下，例如：旅行、追劇、美食、運動，無論哪一種，只要開心就好。這個我有同感，現在的學習完全是為了自己，沒有考試沒有排名，自己願意就可以獲得更多，也是因為這種通透，使得中年的學習收穫滿滿。

很喜歡慶齡的文章，在她的文章裡，我看到了中年人的日常，也有慶齡對這些日常的想法，不知道是不是慶齡媒體人的背景，使得她的深度觀察總是能打動我，深有同感。期待大家也同我一般，一起享受慶齡的熟齡紀事。

熟齡最美好

暢銷書作家 張曼娟

以往都是透過電視螢幕看著慶齡的播報或訪談，她永遠是那麼合宜的、優雅的、絕不出錯的專業優秀媒體人。那種自信、篤定而又內斂的節制，是很有吸引力的。

直到成為《名人書房》的來賓，與她對談時，才明白她對工作的投入與付出，每一句話的聆聽都那麼專注，立即給予的回饋也令人感動。她的成功絕不是偶然，而是應當。

《秋葉落下之前：活在燦盛熟齡時》談的雖然是中年命題，卻讓我們看見各個不同時期的慶齡：我們跟著小慶齡在員林故鄉度過暑假，在餐桌上品嘗炒米粉與麻油雞，同時揮別了那再也回不去的童年。

我們跟著年輕的慶齡與同學們結下珍貴的情緣，中年時在東部海岸一起迎接海平面第一道曙光。行到中年的慶齡，用不評論的方式，為我們記錄那些中年觀察與情事。有人二婚之後，年過半百才得到新生兒；有人身心俱疲，投入老父母的長期照顧；有人提前下車，從人生隊伍中脫身而去，留下許多捨不得。就是這樣的哀樂中年，如風霜和日曬，讓秋葉變得層次豐富，多彩繽紛。

走過童年的純真靈動；走過年輕的光燦鋒芒，如今的她更加慈悲睿智，世事洞明。感受到前所未有的幸福與自在，圓熟的慶齡最美好。

優雅的「歲月釀酒師」

資深球評、作家 曾文誠

認識慶齡時她二十出頭，好年輕好漂亮。然後像手機滑頁一般，三十年好快就過去，我們坐在信義路的咖啡店聊天，她依然很年經很漂亮。她不是動刀東割西切的去逆齡，而是她活得很自在，她很懂得做一個優雅的「歲月釀酒師」。

我在自己的書中曾寫過一句話：「第一個二十五歲努力學習、第二個二十五歲努力工作、第三個二十五歲後努力當自己。」慶齡把這句話詮釋得極佳，她曾在工作上證明自己是專業且熱情的主播。現在的她努力當好自己，主持她極愛的閱讀節目，之餘還能為恬淡踏實的小幸福戮力以赴。

這樣的慶齡很棒！

中年是下午茶

TVBS新聞部副總經理　詹怡宜

我認識的慶齡明明就是夏花，不是秋葉。

當同事的那幾年，每天在編輯台、會議室、樓梯間等處聽見她的爽朗大笑聲，一會兒又從她流暢的播報中看見自信與正義感，她的開朗慧黠是外顯的，喜慍也直接明白。如此一朵絢爛夏花，對人生風景的變化似乎更有感觸，益發展現出反差的美感。

看慶齡寫熟齡紀事，讓我想起作家董橋說的：「中年是下午茶，是攪一杯往事、切一塊鄉愁、榨幾滴希望的下午。」很喜歡跟慶齡一起，微笑著享用這頓中年下午茶。

做自己人生的「最佳主持人」

資深新聞工作者、作家　劉黎兒

百歲時代，人類壽命的延長，改變了各種價值與現實，新式的課題接踵而來，教現代人的生活大幅度翻轉。不是老智慧不好，而是老智慧已不夠用，作者積極汲取新時代所需要的新智慧，真誠不吝惜地出示許多引導人生，不落俗套的見解與尋寶過程，在這個大分享時代裡，這才是真正的分享。

本書所談的主題，都是中年熟齡最重要的人生議題，繁華世事與各種人性情感的體悟，絕非只是刻板勵志，任何人讀了本書都會心有共鳴，不自覺與故事和主角逕自交流，邊閱讀邊跟書本對話，這正是作者的智慧與寫作魅力使然！

人類壽命雖然不斷延長，但我總認為人要真的長大、成熟，其實並不容易，生理熟齡，未必心智也熟齡。像我一直自認幼稚，不覺得自己能稱為「成熟的大人」，也一直沒有享受過所謂「當大人」的老成與多愁，頂多，只是為配合世俗而多了一些妥協與放棄。

因此不必擔心，「熟齡」沒有既定的模樣，未必非得老氣橫秋，反而在忙碌的人生夾層中要有所自醒：過去沒做成的自己，現在隨時去做！像我有同學年過六十開始學芭蕾舞，自己的夢想自己圓，不要求子女來替自己圓夢，畢竟代替人生是不可能的。我喜歡把「熟齡」的課題，定義為「不年輕的日子怎麼過？」如作者所說，不必刻意抗老，熟齡事實上還未老，還沒必要或沒資格倚老賣老，而且，許多人還有數不清的願望以及行動力，還沒想要對人生下結論。

婚姻也是熟齡的重要課題，台灣、日本都是每三對結婚至少一對離婚，離異或二婚逐漸平常化，我們要跟慶齡一樣祝福這些變化。人間的情節往往比小說故事更離奇，男女關起門來會發生的事，比八卦或新聞更精采。無論是婚姻或其他人生大事，其實都可以不斷地重來，日文說「三度目的正直」，也就是第三次才搞定，人生歷練以第三次為真。反過來說，如果一件事經歷不到三次，就無法清楚地面對問題、真誠的面對自己。因此，不必徬徨，隨時可以更新人生的版本。或如遭遇了配偶有外遇，千萬別自怨自艾，這不是任何人的錯誤，這是一次重新選擇的機會，最重要的是：自己的心理或生理，是否還能接受這出過軌的配偶？「完美理論」沒有絕對的意義，修補過的骨董陶瓷還是國寶，酸臭發酵的菜餚或許也是名菜。

五年級的作者，對於如此遽變的時代，比起四年級的我領悟人生更為透澈，而且有勇氣敢於面對朋友的疾病、周邊老病父母，乃至死亡，真令我慚愧，近年的我，都盡量只看不會增加悲傷心情的喜劇。

雖然，我自己也不例外地有照護的重責，但心境上卻保持距離，或許怯弱地不敢正視，或許還想維持不可復得的自在，也習於把源頭歸咎於——不論哪個國家，都已來不及建立一個讓社會共同承擔老人照護的體制。日本除了「老老照護」導致許多悲劇外，每年正值工作盛年的十萬人，因為必須照護家人而不得不離職，台灣也同樣有十三萬這樣的人口。即使深厚的孝心讓長者能安養天年，另一端來說，畢竟也很消耗子女的人生，這確實是熟齡當下的重大無奈之一！

我熟悉的一位東大教授，在三個孩子成人後還想再生育，他開玩笑說：「社會年金會破產，子女是保險。」當然，他並不是真想把子女當保險，只是人生不走到最後，是不知道最後一里路如何走的，凡事得多投資，分散風險。十幾年前，我被孩子說：「你們是逃亡成功的一代！」意指我是較容易卡到好位的世代，不像年輕一代絕大多數人註定被剝削，要當贏家不易。世界許多國家都背負嚴重的財政赤字，像日本新生兒出生時，每個人就已負債上千萬日圓了。

這個時代乍看人人獨立，其實有著更多的依賴，熟齡中年除了面臨父母的依賴外，也有子女的依賴，或是自己對於離巢子女的依賴衍生「空巢症候群」。尤其許多女人，把女兒或兒子當作最親的閨密，但是，當孩子長大該放手的時候，我們必須從「父母身分」畢業才行，自己和孩子的精彩第二人生才會開始！

熟齡人需要「畢業」的領域很多，若無法跟配偶相依偎的話，第二人生就該放配偶或自己吃草，如日韓等流行從婚姻中畢業的「卒婚」，未必改變法律關係辦離婚手續，但夫妻各自獨立生活，即使在一個屋簷下也分居等做法。長壽時代，需要更多樣的思維與心胸來對應，當好「畢業生」才能當自己！

我也跟作者一樣，認為許多人生的假設性議題毫無意義，人生是一場不斷做「選擇」的連續，選擇沒有標準答案，沒有顧頭又能顧尾、魚與熊掌兼得的選項，不必悔，不必貪，只要謹慎把握每一次的選擇權。日本常要家長給自己的子女一句畢業贈辭，我都寫黑澤明的學運電影名《人生無悔》，雖然有點阿Q，但這就是最舒適的想法吧！

人生是「先甘後苦」還是「先苦後甘」好？真實人生如作者所說的更為複雜，從較長的時間跨度來看，是苦中有甘而甘中有苦。我總覺得只要今天還笑得出來就好，我喜歡小田和正〈愛的力量〉所唱的：「明天的眼淚明天再流就好」這一句！

或許是新聞人的特質，作者透過閱讀、身邊的案例、今昔對照等，尋找各種情懷的原點，卻不耽溺、戀棧地懷舊，有很潮的灑脫及細膩的人生感觸，有論述力卻又有最難得的傾聽力！作者出身名門而且本身有著輝煌成就，卻一點也不迴避許多時代的苦難，還能以溫馨的視角，帶領讀者對生命種種辛苦釋然地打開心結，這種坦然與溫暖非常珍貴，對每個人生都十分重要。

人生的艱難，除了是無奈的結構導致外，如高齡者的失智症，家人或社會都難以承受，確實是人生的無解題，隨著年紀逐漸體悟「人生有些無解，是不必求解的」，單單知道這個道理就可以算是成長吧！人生大部分的事無法像熱天喝冰水一樣爽快，有些事講道理沒有用，時而暫歇，時而遠觀，時而默默付出，「不求甚解」有時是人生最大的智慧！

我總覺得人對「真相」一直是瞎子摸象，人生沒有絕對的好壞，就像沒做斷捨離也未必是錯誤的，無須強制執行。日本人把囤藏書籍卻未閱讀稱為「積讀」，聽起來較無罪惡感，其他難以割捨的事物，如滿載感情的信件「見證歲月的紀念物」，患疾的父母家人、不肖兄弟等等，因為跟自己人生的關係實在太密切了，真的無法割捨的，那就留著、牽著，或許更安心。

離秋月還遠的可愛作者慶齡，居然能對人人稱苦的人生充滿感謝，對自己是減法，對別人是加法，也因此她不僅是傑出的節目主持人，更是最佳的人生主持人，不僅展現幸福的心態是什麼，也提出無數寶貴的啟示！

細膩筆觸，讓人看見通透體悟

資深新聞主播、主持人 蘇宗怡

人生到哪個階段算熟年？視年齡而定？身體素質年齡？還是要從心智年齡判斷起？是旁觀角度或自我認知？我們在幾歲的時候，萌生「我是個成熟個體」的意識？向同事發問，每個人走向熟年的腳步或快或慢，A說三十而立就算，B說四十歲才成熟，C說哎呀五十歲才熟齡，還有女性獨特見解，說要看需要羊膜穿刺的年齡規定。正拿起這本書的您呢？這本熟齡紀事的讀者群年齡，或許遠比想像更廣也不一定。

慶齡姐是我多年的長官和前輩，於私也是好友，我特別喜歡和她交談。她總是能在輕鬆的氣氛中，娓娓道出豐富的工作和生活閱歷，職場上很多人受到她的鼓舞和扶持，擁有業界著名的好人緣。當她開始推出連載專欄時，我首先就叫好，終於有更多人得以接觸到她內心溫暖又睿智的那一面！而今集結成書更是福音。

我相信這本書中的每一篇，都得以讓閱讀者產生很強的代入感。我們不是十六七歲那般青春正好，但可以風華萬千。只要保養和保健概念夠好，我們依舊擁有充沛的活力去拓展自己的人生邊界。慶齡姐透過她的細膩筆觸，讓人看見通透的體悟。

若以春夏秋冬來論人生，在秋葉落下之前，您想停留在什麼樣的境界？過去、當下和未來，會呈現如何的光景？看完此書，或許更能知道如何承載包容，如何去愛，以更好的姿態，更美的心態，去書寫自己的熟齡紀事。

第一章

夢洄時分

典藏繁花盛開的時光相簿

走過青澀歲月，去程依然迂迴
所幸圓熟的旅人，已知道如何通往幸福的原點

第二個春天

老朋友前一陣子再婚了，他說因為是二婚，不好意思發喜帖叨擾，只捎來短訊分享喜悅。已經記不得這是第幾次接到中年朋友靦腆的報喜了，再熟的好友，若為此事啟齒時，多少還是會帶點羞怯尷尬：「炸妳第二次，不好意思呀！」「真心請妳喝喜酒，人來就好，這次不用再包了。」華人社會的婚宴文化真是適得其反，無端造成莫名的人際隔閡。其實，朋友真的都客氣多慮了，若一紙紅包或一回露面，能為他人加值幾分幸福，於我，何止樂意之至！

每段婚姻的起始與終結，都有各自的特殊因緣，不足為外人道。我們永遠不懂別人的聚散離合，正如旁人也不懂我們一般。年輕氣盛時，遇事便忙不迭地摻和進去，跟著人家一鼻孔出氣，咒罵另一方無良薄倖，自私寡情……。待年歲漸長才明白，當時自己的意見真是既多餘又魯莽。故事，留給當事人述說就好；局外人無論靠得多近，只需要溫柔地傾聽。旁觀者的作用，唯有陪伴而已。

歲月綿延的好處之一，在於幫助我們開展時間，放遠目光。我常抽象想著：拉長的時間軸線，把人生切割成許多小片段，每一段的喜怒哀樂，都凝結在那個時空裡，再怎麼執著用力，也無法跨境到下一個階段。那麼，前面不管錯過了誰，就只是一次錯過；眼前這一刻的相遇，才是屬於當下的永恆。

當然，我們真該慶幸，能身處於不再把「失婚」當「失敗」的年代。甚至這年頭，見到恢復單身的朋友，更常出現大喇喇直率的問候：「最近有新對象嗎？」如果得到肯定的答案，總會引發一陣歡喜騷動。別誤會，一切無關八卦，那是因為熟年人的祝福裡，不只有愛與希望，還包含更多疼惜。走過千山萬水，我們都清楚：痛哭過的人要重新開展笑顏，接納另一份未知，需要多奮力、多勇敢。

不要因為也許會改變，就不敢說那句美麗的誓言；

不要因為也許會分離，就不敢求一次傾心的相遇。

曾經以為席慕蓉動人的詩篇，是為青春年少的我而寫，回望人生重新咀嚼，如今覺得，更似在召喚那許多歷經搥打磨耗的生命，溫柔鼓勵著：別因畏懼而失卻浪漫的情懷。

守著一顆真心，暴雨再烈，總會停歇。待雨過轉晴，終得見美麗彩虹。

熟齡紀事

不要當別人生命的評論者，我們真的沒有那麼懂他。

不管曾經錯過了誰，眼前這一刻的相遇，才是最重要的姻緣。

最好的時光

最近很流行這類提問：「如果可以回到過去，你想重回哪段時光？」

聽老友侃侃聊著他的「選擇」，理智且感性地剖析箇中心事緣由，不禁羨慕人家腦袋澄澈，足跡清晰。反觀自己渾渾噩噩度過半生，即使腦海翻騰，努力搜索著資料庫……一時之間，也無法明辨該打開哪個記憶抽屜，重溫或彌補些什麼？好像每個閃亮的、黯淡的、不起眼的日子都很珍貴，沒有任何一天不值得重新凝望，也沒有任何一刻需要重塑改變。

這麼想，倒不是糊塗人突然生出什麼大智慧，或者對一切都無悔無憾。相反地，如今想捶心肝的往日蠢事，多到十根手指都數不完。只是我不太相信偶然，雖非宿命論者，但隨著年歲增長，越發堅定認為：人生所有的「安排」皆有其深意，前因後果微妙相繫。我們就是非得經由某些過程，去發掘生命的隱匿訊息，前事種種或好或壞，追根究柢既然是為求圓滿而生的手段，曾經的怨懟不快，好像便沒有那麼重要了。

人們懷舊，嚮往不可回復的過去，除了是想填補遺憾的缺口、放不下濃烈的情感，往往還混雜著對現狀的惶惑迷惘。這讓我想起伍迪艾倫的《午夜巴黎》——21世紀的美國編劇作家，因緣際會在巴黎的午夜時分，闖進了一心嚮往的黃金年代，來到一九二〇人文薈萃的花都，在那裡，他不可思議地結交了費茲傑羅、海明威等文豪，但他在那個時空所邂逅的美麗女子，緬懷的卻是更早之前的十九世紀，而兩人在一八九〇年的美心餐廳巧遇高更、竇加，言談之間，畫家表露他們認為最美好的年代，是文藝復興時期……。看了無數次的電影，每回仍能讓我拍案叫絕，多麼慧心通透的編導！不知道我們現所質疑忽略的當下，在遙遠的未來，是否也會成為後人心中的美好時光？

現實生活固然不可能如電影那般天馬行空，但日常對話總也不乏假設……如果……等字眼，例如：親朋好友憶及往事，常掛嘴上：「如果當時做了不同的選擇，今日景況就會變得如何如何……」通常我會第一個唱反調：「既然沒有走向另一個選擇，又怎知它的結果為何？」如同我們偶爾懷念無緣的舊情人，還留有一絲美好的想像空間，說穿了，只是因為終究沒有與他（她）共體婚姻現實。

「假設性問題」從來不會導出正確的人生答案，緬懷過往卻忽略當下，也不會使我們變得幸福。時間旅行很迷人，但我還是寧取現在，眼前擁有的，就是我最好的時光。

熟齡紀事

人生所有的「安排」皆有深意，前因後果微妙相繫。

不再因為嫉妒他人或感嘆過往，而花掉更多自己的時間來不快樂。

只是朱顏改

「女神崩壞」、「歲月是把殺豬刀」……，即使在媒體圈打滾多年，深諳點閱率、收視率操作之道，網海漫遊瞥見這類標題，還是忍不住受好奇心驅使彈動指尖，點入內文，一探究竟：到底是哪些青春朱顏被「殺豬刀」砍到多崩壞了？

新聞主播的工作特性，某種層面也屬幕前角色，故而對於被路人品頭論足、批評指教這回事格外有感：當代社會審美主流講究非「正」即「鮮」，曾幾何時，正常的生理演化在尖刻的媒體放大鏡下，竟似不許人間見白頭，「一日女神」就得「終身女神」，未免太強人所難。依我凡俗之眼來看，那一張張努力維修的臉龐，皆已堪稱凍齡傳奇，雖然少了點青春顏色，卻添了股綽約風姿。人生總在加減得失間平衡前行，雖失卻少年輕盈飄逸，卻迎來熟年厚實香醇，朝陽和煦或落日餘暉各擅勝場。

長期在電視台工作，俊男美女圍繞身旁曾是生活裡的常態，如今想來，那真是段賞心悅目的美麗時光，別說遠在天邊的大明星不時驚喜現身，主播同事們的平均高顏值，連日常走進辦公室也是視覺饗宴。遇過許多好奇之人問我：「誰素顏最正？」「誰妝前妝後差異最大？」說真的，不是鄉愿打馬虎眼，我覺得大部分活在幕前的人，都算得上相貌堂堂，實在沒什麼可吹毛求疵的了。若真要品評，只能說我個人更偏好內蘊涵養所淬鍊出的知性質感：第一眼未必驚豔，但經久耐看，越陳越香。那些印刻在我心中的端麗容顏，多是禁得起歲月淘洗，跨越天生優越皮相的恆久之美。

最近臉書被「十年挑戰」瘋狂洗版，不知是否湊巧，我的朋友都特別擅長保養，實在很難從他們的留影看到歲月的痕跡，或者就是由於自信飽滿，所以敢於po圖示眾接受挑戰，儘管其中不乏自我調侃的人，不過光是能「坦然接受自我現狀」這點，就值得衷心敬佩。到了一定的年歲，當個「漂亮姐姐」，比硬是裝扮成「少女時代」要合宜舒服得多。如同大叔再怎麼努力健身，肌肉也不會變回鮮肉，維持體態樣貌是為悅己、為健康，可別誤會便能就此回春。近幾年，我越發感悟到：誠實面對自己，是中年最可貴的自知之明。

歲月很公平，均等待眾生，靚妹女神與尋常人等並無二致。既然年華必然老去，對於外在皮相實在無須過度執著苛求，人生重量自會成就不同美感，寬心就好。

熟齡紀事

坦然面對自己，人屆中年最可貴的是自知之明。

爲自己讀書

為了製播閱讀節目，這一年卯足全勁大量看書、讀資料，用功程度堪比學生時期準備聯考。時隔三十餘年，同樣為著某個特定目標夙夜匪懈，所幸初老此刻的讀書心情，再不是當年應付考試的艱辛苦役了。但是偶爾還是會有種錯覺，以為自己又回到青春期那段被刀光劍影、綺麗幻境、懸疑推理包圍的美麗小時光。

我們是標準因循填鴨式教育成長的一代，「分數」為一切判斷標準，書中內容是否「知其然」且「知其所以然」並非首要之務，理解不足也不打緊，強記背誦就是了。只要肯花時間下苦功，成績通常不至於太難看。

坦白說，我因為擅長背書也還算會考試，求學時期，並不特別排斥這種被譏為僵化的教育制度，不過縱使稱得上「適應良好」的規矩學生，回頭看升學之路仍不免遺憾：過於功利的手段，削弱了學習的樂趣，人生最寶貴的智能發展期，大家卻得將大部分的心力耗費在為分數努力，實在可惜！

當時能讓我們發自內心享受文字的讀物，多半與課堂無關，說來還得感謝那個出版日趨發達的年代，古典、現代、本土、翻譯百家爭鳴，提供學子課餘喘息的空間與養分。不可否認，那時沉浸課外書籍，其實隱含強烈的逃避動機，以為栽進虛構小說世界即可遠遁現實，後來意外地發現，這一切正是啟蒙的開端。

最深刻且具體的經驗莫過於：原本懷著罪惡感回到教室，心裡正反省著「真不應該，把珍貴的K書時間拿來看閒書，考試完蛋了。」下一刻，真巧，怎麼今天老師講授的部分內容，恰與昨夜棉被裡偷看的那本書有關？難道是天意，鬼使神差教我換種方式學習？

回想昨日種種，經常啞然失笑，現在當然明白了，其實，牽引知識、相互激盪的力量就在自身的心念，課本上的文字並不全然呆板，只是「奪取高分的前提」框限住心態與眼界，因而無從領略所閱讀的事物更深入的意義。相形之下，課外書刊則巧妙暗示了一種「為自己而讀」的主觀滿足，內心因為放鬆而專注，文字變得鮮活有效，所以能吸收快、記憶深。說到底，不帶功利目標，單純地閱讀，才能創造趣味。

當然，為節目做準備而閱讀，還是帶有一點「目的」成分，面對活生生的受訪者，以及可能出現的各種臨場狀況，也算是一種另類考試。不過，如今讀書不是壓力，而是助力，慶幸終於稍微懂得：如何用「自己喜歡的態度」，去好好閱讀一個人了。

求個圓滿

在這不斷面臨「失去」的中年階段，學會「珍惜當下」是個重要的課題。

近年來親近的長輩相繼離開，考驗人的悲傷耐受力，強迫我們面對生死難關，這一切似乎無聲地提醒著：以更開闊的態度相待彼此吧。匆匆人間，一切俱往矣，誰知曉緣分能否未完待續？

曾經我不太懂，為什麼對於同一個人的看法、回憶，在生前與死後如此天差地別？「死者為大」的傳統觀念，似乎不足以解釋記憶模式的微妙轉折——那些真實發生過的爭執、不滿、怨懟，在「死亡」發生霎時竟煙消雲散，僅留下關於溫暖、關於感動的片段串連時空。慢慢地，透過各方離合聚散貫通生命視線，我才稍有領略：原來，追求「圓滿」，是世間所有人際關係的最終理想值。

每個人、每個家，都有屬於自己說不盡的思念往事，點滴積累於頻繁交會的日子裡，那時經常被情緒強化放大的，往往是對方的缺失短處以及彼此的摩擦衝突。人與人近距離朝夕相處，一不小心就容易越線失控，然而，「物換星移」是那麼巧妙地、讓人不知不覺地，自動抹除了認知記憶裡的「有害物質」，在想念的時刻，貼心賦予精神截然不同的詮釋角度。

於是，當外人語帶羨慕的評判：「你爸媽以前感情一定很好！」平輩親友聽了只能苦笑以對，怎麼父母一輩向人述說的相處情節，與自己的童年景況相去甚遠？唯有我們自家人清楚，那兩位同等心高氣傲的長輩，以往如何三天一小吵、五天一大吵，度過數十年誰也不讓誰的高分貝婚姻生活，連兒女都記不住「爸媽當年到底簽過幾次離婚協議書了？」

如果不是親身見聞，確實難以想像那些曾深烙在生活裡的負面經驗，真的就這麼隨著其中一方消逝而飄散無蹤了。老伴追憶老伴，再不是當年那個氣得牙癢癢的可恨之人，後來與旁人說起，盡是對方的好。子女們初時不免懷疑困惑，莫非是隱惡揚善，愛面子，或者選擇性失憶？直到轉進他們幽微的心底深處始得明白：晚年總結人生，只留下喜悅感動，為的是完善生命裡那段最珍貴親密的人際關係。

只是老人家太過強調回憶裡的美好，還是有些「現實副作用」，例如：習慣性在兒女面前做比較，動輒「妳爸體貼多了」或者「你媽都不會這樣」，翻白眼之餘，晚輩間只能閒嗑牙取暖，背地裡玩笑插播一曲〈對你懷念特別多〉以示反擊。畢竟現階段，「理解」也算圓滿兩代緣分的有效作為吧！

熟齡紀事

以為還有明天，讓我們過度介意了對方的缺點。

經常過濾記憶裡的有害物質，沒必要對已經過去的事情一直過不去。

貴人在身邊

認識L君二十多年了，儘管熟朋友間對彼此知之甚詳，有時候還是很難將眼前這位光鮮大老闆，與當年那個年輕殷實的小資主管聯想在一起。

我常開他玩笑：「感謝你讓我有機會見證有為青年白手起家的奮鬥史。」雖說調侃笑鬧，也著實深懷敬意，來自連小康都談不上的軍人家庭，沒有富爸爸可靠，沒有金湯匙可含，大學畢業後赤手空拳闖社會，只憑藉著「入一行做一行」的深研專注，耕耘二十年有成。這故事放到哪個時代，都是絕佳的勵志範本。

然而主角看待自己的「成功」，卻別有一番獨特論述，不同於一般人自誇強調胼手胝足的辛勤血淚，他們夫妻時常掛在嘴邊的歸因是「時勢造英雄」，以及當年慷慨借與創業基金的那位「貴人」。

那年，朋友任職了好幾年的公司，因為各種緣由決定開放員工入股，雖然人人躍躍欲試，但光是基本認股門檻，就讓一般薪水階級望塵莫及。就在認知現實條件，心有餘而力不足決定放棄之際，「貴人」不期然出現了，他是受到當護士的L太太照顧的一位長者病患，閒聊中得知此事，二話不說主動解囊，提供這筆入股資金，幫助當時並無深交的年輕後輩開創人生。

如今回溯，自然清楚接下來的故事線發展是受贈者銘感五內，以這第一桶金為新起點力爭上游。十多年後的現在，他們不負期待，成為公司最大實質股東，同時為這個老牌企業注入更多創新活力，業績長紅，經營得有聲有色。至於當年及時奧援的慷慨長者早已離世多時，留下無價的善意財富。

真是很戲劇化的人生際遇吧！聞者莫不豔羨，不過他們真正觸動我的，在於那可貴難遇的機運背後，「施」與「受」雙方各自的悲心善念，驅動向上的力量，開展出一個善的循環。

這些年由於經濟寬裕，好友夫妻待人更加慷慨大方，並且默默行了許多不為人知的善舉，包括諸多與本業無關的其他領域贊助。問他何不成立基金會，既可節稅又能建立形象，他聳聳肩回答：「那本來就不是我的初衷，當年人家幫我，現在我幫別人。」

朋友之所以值得一份幸運，答案或許在此。不想用「福報」這種帶有目的回饋的字眼詮釋人的良善本意，但半生見聞，確實揭櫫了一項微妙法則：越是牢記當初給你機會的人，日後越可能擁有豐沛的能量，成為別人的貴人。

熟齡紀事

以善為始，開啟世間所有因緣，就此循環不息。

銘記幫過自己的貴人，並樂於成為他人的貴人。

當個大人

鳳凰花開的時節，密集收到來自各方親朋的應景畢業照，同輩們不吝分享「吾家子女初長成」的喜悅驕傲，幾張相片，萬千訴說，方帽下的青春燦笑象徵著一個階段的圓滿、一段未知的啟程，也意味著完成任務的我們這一代，進階人生於焉展開。

未曾養兒育女，對於光陰流逝的感受總是相對駑鈍了點，朋友的無聊冷笑話：「我媽媽說沒結婚、沒生小孩的，就還是個小孩。」說來也有幾分真，沒有逐年成長茁壯的孩子來貼身提醒歲月的刻度，也不需要學習養育照顧，為其他更幼小的生命負責任，我們這類「物種」畢竟欠缺成為「大人」的核心動力，即使生理上早已超齡，傳統家庭角色不上身、不入心，與「標準大人」模樣終究有段距離。

晚熟有理，幼稚無罪，真心以為並非長不大的藉口。

經驗證明，許多曾經以為「年紀到了就會懂」的事，結果未必在該發生的時間點如預期般出現。爾後才慢慢明白，所謂「終身學習」並非雞湯式口號，其實內含極為深刻的理解，真確的生命實踐。知識、觀念的累進只是其一，更形重要也加倍困難的，在於「心智」與「悟性」的提升。年歲累積造就生理變化，卻不一定自然長智慧或生成適應力。除了天賦異稟覺性極高的少數人，我們大多仍必須經由學習，始得逐步進階。

記得當初年滿二十，滿心以為翅膀硬了，從此海闊天空任遨翔，殊不知，原來數字就只是數字本身，它不過傳達了一個「成年」訊息，以及明確標示法律面應盡應有的權利義務。跨過生日，身心如舊，「一夕成熟長大」這種幻夢寫不進現實劇本，自己就是一介凡夫，與大部分人同步，在世俗路上依序推進，感知、接受、學習、調適，周而復始，在每個人生階段、身分轉換的過程重複演練：長大、變老；進校園、出社會；為人妻兒、父母……一切都得學。

說到這，也就不難理解，諸如親子教養、兩性關係、培養情商、職場進擊指南之類的書刊為何永遠暢銷，我們天生註定就是來人間學習的，什麼都不懂？沒關係，反正大家半斤八兩，碰上問題自然會找到相應法門，何況現代人還有那麼多高效資訊俯拾可得。孩子們大了，正好提供我輩中年新的學習機會，當個升級版大人，儘管歲月悠悠，歡喜中夾雜著感傷……。

熟齡紀事

活到老就學到老，我們天生註定就是來人間學習的。

大人並不是一個停止點，仍需繼續成長和精進。

她去聽演唱會

孩子大了，不再需要跟前跟後照看著，她的生活重心轉移到「聽演唱會」。

歲末時分，她送給自己「五月天」大禮犒勞一年辛勤，早早請好年假，整裝待發準備桃園一日遊，連自認「五迷」的我都自嘆弗如；更別說不久前，她才去了莫文蔚的場子，聆聽慵懶醉人的「莫式情歌」；以及熱烈響應林俊傑的每次巡演，然後驕傲表露：「因為我是JJ迷啊！他每首歌，我都會唱。」

聽張學友溫柔婉轉唱著：「在四十歲後聽歌的女人很美」，總不自覺將歌詞與她相聯結，的確，穿梭於演唱會現場這些年，她顯得更有自信，更具活力了。

即使，明明已過半百好些年。

我們相識在大學時代，哼哼唱唱是服務性社團的日常要務，少年十幾二十時，懷抱吉他撥弦彈唱，是當時青春飛揚的典型表現。爾後各自走向不同的人生道路，再聚首，話多了，歌少了，早年聚會還有幾次KTV之約，隨著點歌單上流行排行的曲目更迭，越來越加陌生，歌聲便也逐年自然淡出這個同窗社交群。

記得是兩三年前交換禮物那次吧，她準備了當時一度風行的手持式麥克風，只需下載相應APP即可伴唱，調控升降key或選擇領唱合音一應俱全，當場榮登該年度最受歡迎禮物冠軍，那個午後，好久不見的歡唱再現，大夥搶奪僅有的一支麥克風，把周杰倫的金曲翻了一輪，「唉呦，原來有跟上時代，都會唱嘛！」狀似相互調侃，言下其實隱含著青春不滅的得意之情，誰說五年級生只會朝聖「民歌三十、四十」呢！

當然，我們由衷感謝並懷念那個年代，「唱自己的歌」穩固了歸屬感，強化了繼之而續的存在感，不僅創造一代人的集體記憶，彼時啟蒙的覺知與熱情，仍在生命深處持續展延著。儘管庸庸碌碌的日子磨耗了身材、髮量與膠原蛋白，工作壓力和生活重擔偶爾讓笑容隱形，當樂音響起，一切回歸純粹，身心律動唱和，宛如時光暫留，那怕我們心中永恆的李宗盛已經從「木吉他」男孩變成中年大叔，而我們也從〈17歲女生的溫柔〉唱到〈山丘〉了。

在流行音樂生態不變的大環境裡，在白髮泛生的現階段，演唱會《致中年的自己》來得如此適時巧妙，不若上代等子女孝親，奉上江蕙、費玉清的告別門票；這輩人起手落鍵搶票，永遠為善待自己戮力以赴，就如她去聽演唱會，為小日子添光彩，找回夫妻共同喜好，拉近與兒子女友的距離，場館內盡情宣洩一晚，浸染在聲光氛圍與群體熱情之中，內外和鳴當下，是此刻亦是往昔，是今日也是昨日之我。

青春的起點

又一輪民歌演唱會登場，我輩眾人爭相朝聖，集體湧入時光隧道，中年以後，如此這般重溫舊夢成為一種隆重儀式。

必須感謝有志者，每隔幾年登高一呼，帶引歌者、觀眾，進入那個氣味相投的魔幻時空。特定的夜晚，由著熟悉的旋律，串連起生命的現在進行式與過去式，凝聚著陌生的彼此共感唱和，人們微妙地時而融為一體，時而在樂音中飄向各自的往日情懷，同一首歌觸動無數不同心弦。走過幾十年漫長路途，在場每個髮鬢染白的中年男女，都有自己的故事可訴說，然而回到民歌世界裡，自然流露的歌聲與熱情，仍似當年那股不帶世故的清新，彷彿從未遠離過青春的起點。

關於身為一個五年級生，我始終相信是上輩子燒好香累積來的福報，一種歲月，兩個時代，禁錮與解放、封建與創新，衝突未必帶來傷害，反而製造出更多的可能性。如冷暖洋流在我們最珍貴的青春少年時交會激盪，洶湧黑潮孕生豐沛能量，在各個領域萌發創生，「唱我們的歌」是彼時大環境波瀾壯闊的必然，也是微小個體細緻的自覺，我們至今仍在記憶裡輕輕地唱著，懷舊心態固然有之，但真正牢牢鑲嵌在生命裡的，其實是與時代變遷緊密扣連的印記。

可能我天生屬於後知後覺者，青春期身處時代浪潮中並沒有強烈感知，只是被動地隨波逐流，湊熱鬧跟著加入吉他社，那年頭，抱把吉他自彈自唱是一種潮中之潮，手撥琴弦，嘴上哼唱，小毛頭好像也能變身金韻獎歌手，懵懂中，民歌還有一層嚮往未來大學生活更重要的象徵意義。

因此我實在記不得，到底是怎麼從「梅花梅花滿天下，越冷它越開花……」唱到「夕陽照著我的小茉莉小茉莉，海風吹著她的髮她的髮……」也許，一切銜接得太過順理成章，巧妙得讓人幾乎忘了「轉變」這回事，總之〈梅花〉就是不再流行了，〈國恩家慶〉也不知不覺淡出生活，被〈少年中國〉、〈龍的傳人〉取而代之，後來〈秋蟬〉聲鳴，〈微風往事〉拂過心頭，民歌再生一番清新氣象，隨心所欲自在無拘，及至成年之後回望，才真正意識到彼時自由思潮遍地開花，是何等深遠地影響了一代人！

經過數十載流變，民歌注入不少新血，現今舞台上跨世代歌手薈萃，𤍠是熱鬧，這就是民歌，高度延展無限想像。想當年，一樣歌頌遠行，我們既鍾情詩意的〈再別康橋〉，又戀上浪跡天涯的〈橄欖樹〉，恣意揮灑怎麼唱都動人。我想，如果民歌還有別名，那一定是「自由」。

熟齡紀事

踏實的歸屬感，才能孕育出自信的存在感。

在時代巨浪的尖上，我們依然清楚知道自己根紮何處。

便利超商依賴症

大街對面那家7-11終於重新開張，窗明几淨煥然一新，實在可喜可賀，堪稱今春最佳年節大禮。先前閉門整修個把月，簡直害苦了我們這類患有重度便利超商依賴症的顧客，平常不當回事的庸常細瑣，諸如日用小物添購、帳單繳款、網購取貨等俗務，突然都得慎而重之地處理對待，這種不「便利」的生活滋味，真是好多年沒嘗過了！

台灣便利商店密度全球第一，枝繁葉茂欣欣向榮，彷彿是街景與生俱來的一部分。每當與晚輩聊起：「我們小時候哪有什麼二十四小時的便利商店，只有雜貨鋪柑仔店。」往往換來不可置信的目光，以為我們是從火星冒出來的一代，殊不知，「火星生活」距離現在其實並不遙遠，算算不過才三十來年光景，誰知道再三十年後，這世界又會發生什麼樣翻天覆地的變化？時光不斷推動著我們，既然沒給後路，那就順勢往前走吧。也許屆時眼前林立的生活幫手——便利超商也成往日煙雲，教一代人訕笑另一代人。

雖然被認為過時，對於童年的柑仔店，我始終懷有一份特殊的情感記憶，如果沒記錯，生平頭一遭身負重任幫媽媽跑腿，就是到巷口的那家雜貨小鋪子，年幼時與人買賣怯生生地，明明是花錢的消費者，聲音卻細弱得連自己都聽不清楚，幸好老闆娘很良善，童叟無欺，耐心助我不辱使命，順利完成任務。時隔多年，早忘了當時歷盡艱辛拎回家的那一袋，裡頭裝的到底是什麼玩意兒，只記得柑仔店裡那一排糖果、餅乾、零食罐的誘惑魅力。不知道現在特別愛到便利超商購買各款零食的壞習慣，是否源自小時候「看得到吃不到」的心理缺憾？

甚至有時會懷疑，進家門前必先走入便利超商的慣性動作，該不會也是殘存的童年情結吧？好像沒向貨架瞧上幾眼，順手帶點買一送一或第二件五折的商品，今日事就還沒完畢似的，久而久之，與超商店員竟建構出一種現代新型態的鄰里關係，他們會記住常客的消費習慣，機靈地提醒：「這陣子洗衣粉第二件半價喔！」「你喜歡的那款黑麥汁最近會促銷，要不要幫你代訂？」更細心點的，取貨時還會像朋友般問候：「博客來嘛，就知道是你的，很常買書喔！」

當然，身為好鄰居，我也要為在店裡忙碌時刻還「插花」繳款、取貨和退貨，對他們說聲不好意思。儘管時空環境、經營型態都大不相同，但我對柑仔店和便利商店的依戀黏著始終如一，除了方便、萬能，最吸引我迎向前去的，還在於任何事物「台灣化」之後，都會自然染上的那股濃醇人情味。

熟齡紀事

世界改變的速度太快，沒有人能永遠走在最前端，隨時虛心學習愉快適應吧。

第二章

波瀾泅泳

找到救生圈，或成爲別人的救生圈

經歷狂風暴雨，也許會損失點什麼
但一切都會被洗滌透澈，因而得見那抹美麗的虹

- 一代人的告別
- 來去安養院
- 忘了也很好
- 和母親做朋友
- 嘗一口幸福滋味
- 一日三餐
- 老老相依
- 老來得子
- 阿宅天空
- 婚姻的世界
- 陪你一段
- 愛情履約保證
- 傷別離

一代人的告別

久違的老同學捎來新年問候，附帶提及過去一年生活裡的經歷種種，也包括了她母親的辭世。讀著訊息，腦中閃過幾年前大夥聚餐時，她老人家爽朗健談的笑顏，無以名之的悵然再度升起，又是一個家庭的生死離別。

已經不知道能用哪些適切的字眼，形容這類消息來襲的驚人密集度，從這家到那家，接續發生的速度最快甚至可用時、日來計算，特別是剛剛經過的那短短三、四百天，「彼此致哀慰問」彷彿成為同輩間生活場景的一部分。當「大事」來得頻繁，竟也自然而然變得「尋常」，過來人的經驗分享，降低了處理世間俗務的難度，然而各自的心情，仍是必須獨自面對的艱苦，如同集體悲慟深處裡最難演繹的個人獨白。

幼年時，台灣社會還習慣占用巷內的公共空間，搭起布棚設靈堂來做法事，這是我對死亡最初的恐懼印象，每次途經鄰居喪家總是低頭快步通過，深怕與裡面的遺像對到眼，一不小心與陰界產生連結……當時的我天真以為：「生」與「死」的距離遙遠到永不近身，治喪只屬於「別人家的事」。直到成年後，目睹父輩揮淚拜別祖輩，而自己也成為身著孝服答禮叩謝的其中一分子，方才真正意識到：離別只有先後，沒有特權。生命課題裡那些留白的空格，是時候填滿了。

恍如昨日的景象才在眼前掠過，轉瞬間，父輩們的身影也倏然模糊了，我們倚靠了半生的巨樹，大量、快速地傾頹消逝，如大陸作家閻連科書寫家族長輩的離去「一代人的告別，像一片森林倒下樣。」突然間，前路一片空曠寂然，再無密林遮蔭提供養分，也找不到可靠的路徑指引，舉目無依大概就是這種感覺，沒有來處，只剩歸途，僅能憑藉自己的勇氣與運氣繼續前行。

這時候強烈感受到：原來中年的悲傷是重重受限的，眼淚必須適可而止，頹喪只能暫留片刻，我們任重道遠，除了繼續摸索前進的正確方向，還要自成另一片堅實濃密的樹林，以庇蔭、導引後方旅者，如同我們曾經受到的護持那樣。

大樹之所以長成大樹，既是環境使然迫不得已，亦是自發自覺地主動茁壯。時候到了，身歷其境，才能尋得成長之路隱密的伏筆，它們總深藏到告別的時刻才會現身。

我只用了簡單幾個字回應老友，告訴她：「下次見面，請容我給妳一個擁抱。」無須太多不著邊際的勸慰，她的母親，你們、我們、他們的父母，以及父母們的父母，早已用一輩子親身示範過何謂責任與堅強了。

來去安養院

幾位同輩友人，近年生活出現了類似的變化，例如：行程表不約而同多了個固定造訪的場所——安養中心。

在我直接、間接觸及的周遭，幾乎每個家庭在做出類似的決定之前，家庭成員們都走過反覆辯論、躊躇再三的漫漫長路，除了理性權衡各項現實條件，諸如評估長者的身心狀態、安養機構的專業程度與家人的經濟負擔之外，最難的部分是共同跨越心裡的「那道坎」，畢竟主動讓至親「晚年離家」，對我們這代人來說，猶如與根深蒂固的傳統孝道觀念交戰，其中的掙扎不足為外人道。

人類壽命延長，究竟為美事還是惡夢？隨著高齡化衍生的諸多社會問題，這些年討論不斷，然而，再精闢的專家意見、再縝密的調查數據，都不如切身經驗來得真實深刻。在此，容我分享兩個案例。

朋友的父親晚年性情大變，從一向溫和的個性轉為暴躁，經常對妻子疑神疑鬼。有段時間，警察三天兩頭接到報案來訪，因為老先生總聲稱有人要殺他、家裡遭小偷等等，可想而知，負責照顧的太太瀕臨崩潰。萬般無奈之下，家人只得將身心極端不穩的老父送往安養中心，至少讓陷入憂鬱的母親得以喘口氣。不過後來，子女們在父親的告別式上潰堤了，對於在父親最需要照料陪伴的晚年，家人卻將老父移往陌生處所度過餘生，大家心中無比愧疚傷痛。

另一位單身孝子，多年來始終盡責的陪伴喪偶多年的父親，除了上班，其餘時間幾乎都在家盡孝。直到後來實在身心疲憊難當，才將父親送往專業機構照護，此後，也風雨無阻地盡可能常來探視。有一次護士小姐對他說：「別再特別跟爸爸講『明天』來看你了，因為伯伯會當真，每大都等著你！」

真實生活中接力上演的故事不斷提醒我們：生命習題存在太多「無解」，看似自由，也因此艱難。相對於生之喜悅，衰老顯得那麼蒼涼，安養機構雖然有效解決現實生活的迫切難題，然而每回離開，心頭總是沉甸甸地，想想成群無法自理生活的老人，聚集在一個封閉的空間裡，整體氛圍嗅不到一絲生機活力，我們先前猶疑的腦海裡，勾勒的正是這幅圖像，即使照護員的專業愛心，足夠打理老人家的生活所需，卻營造不了未來與希望。

那麼，送安養院好嗎？是否會讓情況更趨死寂絕望？經歷過的家庭，恐怕都只能分享心得，無法提供正解。每個家庭處境不同，選擇沒有對錯，只是我們在亟欲找尋務實的安置方法時，也莫忘對安頓長輩的心靈多一分顧念！

熟齡紀事

因為有所依靠我們得以成長，成長後的你我，也要有那個肩膀。

忘了也很好

朋友在群組裡分享笑話一則：「有四位老人家打麻將，其中一位去上廁所後，忘了自己在打牌就回家了，另外三人等了半天，想著人到哪去了？決定call他，卻想不起他是誰？」大家在群組中一陣嬉笑留言接龍後，回頭看看笑話的標題「我們老了會這樣嗎？」思緒突然有些飄忽。

我們此刻當然無從預知自己老了會不會也這樣（感覺可能性很高）？不過，面臨家中長輩失智，或記憶嚴重錯亂衰退，倒是我們這代人集體的現在進行式。

多數人可能都始料未及，「失智」竟會成為中年以後與人分享交流的重要話題。家家有本難念而且獨特的經，隨不同年齡、病程、心理狀態、健康情形、家庭關係各自千變萬化，甲的經驗心得，未必能完全套用在乙身上；乙的困境對丙來說，也或許不見得是主要難題；而丙的煩憂，也非甲乙所能體得。照顧者彼此互通有無，取暖成分居多，求的只是同理共感的一絲微小安慰罷了。

這些年，相互扶持走過「被忘記」的心情低谷，對於「遺忘」，我們不約而同產生了另一種觀點：記得所有事情未必幸福，或許對某些家庭而言，「刪除部分記憶」反而比較和樂。至少，對我那姐妹淘確是如此。

能幹又堅強的她，一直擔負著原生家庭經濟支柱的角色，那日，高齡九十多的父親突然對她說：「以後不必再辛苦了，已經請託某某親友來幫妳分憂，他們都答應了喔！」好友苦笑以對，那些父親所謂的「親友」其實皆已辭世多年，現在因為父親失智，自己肩上的擔子只有更加沉重而已，但老父一席體貼的話，讓她心裡偶有的那幾分怨懟，頓時煙消雲散。經過這許多年，在父親「放心」的生活中，她的心終於也「放下」了。

不久後，我又聽聞了另一個關於遺忘的故事。

一位老同學家近年迭經變故，母親失智反而教家人無比感恩，因為短期記憶喪失，他們的媽媽毋須在暮年承受老伴、長女、么兒相繼離開的傷痛，他們總對母親說：「大姐在南部，么弟出國了。」母親從來不疑，在她的生命裡，那些悲傷不曾存在，直到某一天，老媽媽取下供在佛桌上的亡夫牌位，不解地責備子女：「牌位是供往生的人，爸爸還在，怎麼可以放牌位呢？」那個家暫時為此一陣慌亂，最後總算安然過關，母親也隨即忘了這事，生活一如既往，當然，她「心裡的老伴」也依舊常相左右。

牢記或遺忘，何者幸福？也許，只要當下感覺美麗，有時候，忘了也很好。

熟齡紀事

學習「選擇性遺忘」，是快樂人生的高級技術。

和母親做朋友

我很喜歡的作家龍應台說：「能夠和自己的母親做朋友，是種福分！」由衷感謝，中年以後，母親真的成了我生命裡一位親密的女朋友。

家長的威權遺緒在我們這代人的成長過程中，依然發揮了強大的作用，童年記憶所及，好像每家的媽媽都是「嚴母」，那些社教宣導出版品標榜的「慈母」形象，現實生活裡根本是稀有人類。目前為止，還沒聽說過哪個同輩，不是在棍棒伺候下長大的。

「棒下出孝子」是我們那個年代的教養常態，尤其考試「少一分打一下」簡直是集體夢魘，在學校老師打，回家媽媽再扁一次，不同的只是在兩者「武器」有別：老師通常慣使藤條，由於熟悉它的強度威力，我們挨打時心理準備相對健全；但是放學帶考卷回家可就忐忑了，家中俯拾皆「教鞭」，完全無法預測今天可能挨到的是衣架、掃把還是牌尺？

媽媽們河東獅吼的路數當然不只一套，有時改採面壁、罰跪，或者射出一瞬銳利的眼神，殺傷力也不容小覷。如今回想剖析，孩提時「體罰」的多重意義，其實包含著一個主要的核心功能，即樹立「上對下」的絕對權威。那時的我們依戀母親，也對她敬重畏懼，家庭倫理嚴明如楚河漢界，有效在親子間拉出一條心理鴻溝，母親是高高在上的教導者，掌控家中大小事，是不容挑戰的角色，雖然隱約中，偶爾能感覺到她的心事與脆弱，然而身為兒女，不夠格也沒膽量去碰觸那個被嚴實包裹的內在世界。最重要的是，小小心中堅信「母親無所不能」，天下哪有什麼事，能夠難倒鋼鐵一般的媽媽呢！

我們約莫都是在成年後，才得以拉近與母親的距離，大人對大人，即便不至平起平坐，至少不再抬頭仰望了。直到認清「媽媽」也是與你我無異的血肉之軀，她的美麗與哀愁，才成為一種真實的存在。人說母女連心，說到底，其實根源於成年女性對彼此的同理與疼惜，母親老後，由於整體身心狀態弱化，逐漸懂得傾訴、分享、求援，卸除了防禦高牆，「本該親密」的我們，終於得以「真正親密」地交流。

比起母親與她們的母親，我們與上一代的溝通效能，顯然與時俱進了不少，童年的「家暴」往事，如今變成母女閒聊時的挖苦話題，雖然幾乎每家媽媽們都有志一同地淡化或裝傻以為閃避，沒關係，我們繼續假裝認同「痛在兒身疼在娘心」便是，何況，家暴專線不溯及既往。

熟齡紀事

如果彼此想要的是溫暖，那「肩並肩」好過「上對下」。

父母不完美，但仍值得我們去愛，就像父母也愛著他們不完美的孩子。

嘗一口幸福滋味

燠熱高溫教人胃口盡失，即使午後雷陣雨連日狂暴來襲，仍驅散不了溽暑熱氣，家中長輩原已逐年降低的食慾，這下子更加不振了。

朋友們憂心忡忡地交流著現下的共同難題，照顧老年人的中年人，好像唯有這般互通有無，彼此打氣傳授經驗，才有心力繼續面對應接不暇的日常挑戰。

其中有些家庭本來是令人羨慕的，高齡母親依然身手矯健，硬朗下廚、做家務完全不用子女費心，近來都逐漸變了調：做了好幾十年的拿手菜，再也不受老伴青睞，管她方才在廚房裡忙得大汗淋漓，熬了幾個小時的營養高湯，老爸爸只挾三根麵條意思意思，然後筷子就不動了。

尤有甚者，菜餚端出淺嘗一口便語出傷人：「味道變了，妳以前做菜沒這麼難吃啊！」可想而知，那個同樣年老體衰，仍勞心勞力料理三餐的伴侶有多麼受傷沮喪。此時子女穿梭兩老之間任務加倍，一方面要勸導胃口小、脾氣大的老爸；另一方面，還得更用心安撫越來越感疲憊不耐的老媽。現實殘酷地攤在眼前，父母老當益壯自理生活的好日子再不復得，現在連最基本的「吃」，都成為生活裡隨時引爆的不定時炸彈。

另些朋友，由於父母其中一方早逝，對於如何親力親為陪伴侍奉長輩，年資經驗相對豐富。縱使如此，他們如今同樣滿腹憂愁，老人家什麼都不愛吃，甚至不肯吃，有段時間只愛子女做的飯菜，經常企盼孩子能有空下廚，端出「孝順的味道」。現在由誰來煮都不管用了，威逼利誘也無效，廚藝好的子女仍得挖空心思，創新清爽菜色；工夫一般的只能坐困愁城，大吐苦水。我們所有的人以前都未曾想過：父母老後，全家人好好坐下來吃頓飯，竟變得如此艱難。

因此，我特別羨慕一位好友，她與姐妹平日住在台北，休假盡可能往鄉下老家跑，陪伴喪偶孤單的爸爸吃飯。朋友一雙巧手，總能擺出一桌千變萬化的豐盛菜餚，父親與手足們越是飽食滿足，她在廚房裡就做得越帶勁，假日團圓飯已然成為他們重要的相聚儀式，一家人的平凡小確幸就是：嘴裡吃的是暖飯，心裡暖的是親情。

我們不得不接受人屆晚年，身心狀態會急遽「更老」的崩跌趨勢，生理老化直接衝擊口腔、味覺、吞嚥，曾經擁有平凡的感官快樂變得遙不可及，這是自然的一部分，不可逆，只能盡力，讓我們愛的人再多嘗幾口幸福的滋味。

熟齡紀事

不要只用「拖累」來思考，不要忘記他們是你愛的人，也是愛你的人。

一日三餐

一場疫情讓生活整個亂了套，連「吃飯」這等最稀鬆平常的民生瑣事，也榮登最近大夥兒閒磕牙的熱門話題榜首，連累一票「煮婦」們叫苦連天，在各個家庭衍生各異其趣的情境劇。

首先，無論廚藝何等精湛，突如其來的一日三餐都在家，教掌廚者如臨大敵絞盡腦汁，油然感慨「菜色用時方恨少」，個個哀嚎不已。尤其幾位適婚年齡就走入家庭的親朋好友，撐到中年，好不容易將孩子拉拔長大，屬於自己的清閒小日子才沒過幾天，怎麼這會兒又天外飛來重責大任，A苦著臉說：「這幾天好像醒著的時候都泡在廚房裡。」B嘆：「已經煮到不曉得下一餐要煮什麼了。」乍聽之下不免吃驚，從前她們可都是「用愛做菜」的徹底實踐者呢！

當然，一切都是肺炎疫情惹的禍，該上班上學的在家遠距連線，工作狂不加班、應酬咖不跑攤，主婦們原本一人在家輕鬆解決吃食問題，現在面對一家子嗷嗷待哺，餐餐外食不可行，天天叫外賣感覺不像話，冷凍食品只能偶一為之，於是廚房冷灶又火熱起來，家庭「煮婦」的重要性瞬時俱增，原本悠哉日子裡偶爾下廚，當作樂趣點綴生活，這下子「休閒情趣」變成了「責任義務」，那一丁點心理上的娛樂本質，便莫名化為烏有了。

更讓人氣結的是：煮的人辛苦，吃的人卻挑剔得很！聽到最多的共同怨言不外乎：「怎麼又吃一樣的？」「今天的菜就這樣啊？我們家吃得這麼差……」還有「飯後沒有準備水果、甜點嗎？」聞言不禁捧腹大笑，這場「戰疫」裡的憂患意識，可真呈現得內外違和，防疫之餘，大家時刻謹記民以食為天，居家吃喝，既有的生活品質與習慣可不退讓。

說到底，多數人仍是幸福，儘管日常節奏被迫技術性調整，可能業績、收入、自由暫時受點委屈，整體而言，我們依然有條件抱持承平心態面對紛亂，還有餘力訕笑賣場貨架被搶購一空的奇觀，沒被失控的口罩、酒精、物資價格攪亂生活秩序。是某種程度的安全感，提供了理所當然的飽足想像吧！

於是「還有地方買菜，還有充裕的食材可煮，已經很幸福了。」成為最具說服效果的勸慰詞，畢竟有人連「生命的門檻」都跨不過，我們還能談論「生活的品質」如何過，豈能不懷著珍惜、知足的感恩心。還是本本分分「吃得好、睡得好，提升免疫力，才有本錢對抗病毒吧。」這是飯來張口那位說的，此言雖然略帶辯解之意，想來確也不無道理。

熟齡紀事

同一件事可視為責任皺著眉扛起，也可當成幸福搶著去做。

老老相依

從前，有首流行金曲是這麼唱的：「我能想到最浪漫的事，就是和你一起慢慢變老……」詞人技法高超，三言兩語串組出俗世愛情的至高境界——有情人成眷屬相依終老，現世安穩，歲月靜好，平凡即浪漫。

走上紅毯那一端，多數伴侶許諾當時都做如是想吧！執子之手，與子偕老，婚姻某種程度建立在憧憬之上，有位戀愛經驗屢戰屢敗，仍極度嚮往婚姻的朋友就說：「我超喜歡那首歌，那是我最想要的愛情結果。」

然而，我們在現實世界裡看到的老老相依，往往殘酷得令人心酸，例如醫院裡這一幕。

夜半天冷，醫院急診室裡長者比例特別高，放眼望去，老伴扶著老伴前來就診的比比皆是，其中一對老人家，先生已行動不便，太太重聽，求診的老先生看來相當不舒服，已經等得痛苦難當，偏偏老太太對就醫程序、院內路線都非常陌生，一直走錯區域，護理人員忙中還得不斷提高聲量提醒她：「阿嬤，不是這裡，是去一號，一號啦，聽到沒有？」旁人側目，有人竊竊私語低聲問著：「他們沒有孩子嗎？小孩呢？」

另一對老夫老妻，則愁苦著要不要積極治療？老太太顯然已瀕臨危急關頭，但先前心臟才動過大手術，短期很難再承受強力治療手段，老先生茫然無措，身邊陪伴前來的還有老太太的妹妹，聽醫生詳細說明「葉克膜」的功效優劣與副作用，這家人陷入天人交戰，那位妹妹突然情緒激動要姐夫：「快叫你兒子買機票回來！」老先生當下不置可否，葉克膜與兒子，兩件事都難以抉擇。

老人照顧老人，類似的故事、場景，逐漸成為現代高齡社會的常態，你我周遭都不難見到，無論生養再多子女，老來留在身邊盡孝的幾乎都寥寥無幾。通常，照護父母的責任，也容易落在單身未婚的那位身上。張曼娟書寫《我輩中人》傳閱極廣，除了作家行筆流暢、敘事細膩之外，單身中年照顧老邁雙親的心情命題，當是它令眾多讀者心有戚戚的暢銷主因吧！

有女全心照料關懷備至，曼娟老師的爸媽，終究還是幸福的。許多有能力的子女，未必有照顧父母的意願，何況更廣大那一群，能力、意願兩缺的家庭。當「人類壽命延長」遇上「社會變遷」，全新的一課，所有人都還在摸索中。老有所依？是老人家依附著另一個老人家，或者加個外籍看護？白頭偕老相依為命至此，不知是否仍稱浪漫？

一起慢慢變老的過程中，比「執子之手」更重要的是「疾病相扶持」。

老來得子

幾位朋友在這一兩年間，不約而同升格當了爸爸，半百得子，雖談不上人間至樂那麼浮誇，至少足堪列為中年人生的大喜一樁。

我們這輩人晚婚、二婚算是普遍（三婚以上的就不討論了），製造出不少名符其實的「老爸老媽」，下一代的年齡差，經常被拿來彼此調侃，例如「你兒子應該可以叫我女兒乾媽了。」或者「二十年後去參加小孩大學畢業典禮，他的同學會不會以為我是他阿公？」自我解嘲之餘，此類話題還很容易連結童年記憶，與父祖輩往昔的生理年齡比較一番，果然「小時候我阿公就是這個年紀」，老來得子無誤！

莫怪我們嘴巴壞，朋友間說是笑話，實則內心祝福滿溢，一來，當年我們阿公五十上下即稱老者，不過現代人這種年歲，只能歸類為中壯年，晚個幾年生兒育女，反而被讚許成熟，在歷練半生後更能體得教育之道。再者，正是由於這把年紀才得以將自己的 DNA 複製傳承下去，所以彌足珍貴，姑且不論教條式的宇宙繼起之生命那些大道理，光是個人一方小世界可伸展延續的想像，就足以令當事者雀躍不已了。

相對於幸福洋溢的一方，同輩間也有著另一種完全相反的聲音，不以為然：「何苦給自己找麻煩！

都幾歲人了，還要餵奶換尿布的。」世間事，通常沒有什麼絕對的道理或標準答案，你以為的苦，可能是他人的樂。三十歲與五十歲的新手爸媽，誰比較喜悅感動，或誰更加苦悶憂愁？也不是外人說得準的。唯一的客觀事實，恐怕只有「三十歲的體力普遍優於五十歲」這點吧！

不得不承認，那些個勇於挑戰體能極限的半百新手父母，確實令人衷心感佩，想想自己此刻正面臨的中年失眠症，若再添上嬰兒夜半啼哭，人生畫面怕是要瞬間轉成黑白了。然而，生命裡就是有某些獨特的價值，教人義無反顧地勇往直前，從友人社群上滿滿的成長全紀錄，佐以眼中不時散發的慈愛光芒，再駑鈍的旁人都能為生之喜悅動容。新生命是帖希望靈藥，奇蹟療癒了中年人已然半衰的身心，所謂「為父為母則強」，應該就是這種精神力生氣勃勃的境界了！

當然，看著頭髮花白的同輩手忙腳亂地把屎把尿，頂著略凸的肚腩吃力地追著小孩，心中仍偶有同情閃現。不過對當事人而言，這般笨拙學習與精疲力盡的過程，才有真實的生命感吧。尤其處在這個不斷面對消逝的人生中途，新生命帶來的希望之光，更加溫暖耀眼。

熟齡紀事

若幫不上忙，給祝福就好，每個人的生命價值都由自己認定。

阿宅天空

宅在家的日子，覺得身心受困？還是趁此明心見性？

從四面八方湧入的心得感想五花八門，南轅北轍，高喊「悶壞了」確實大有人在，於是，連續假期走向戶外景點透透氣，短暫舒活暢快一番，似乎也符合人之常情。

然而「宅」之於現代人，分明談不上新鮮的生活樣態，承平安樂時，城市裡沒事不出門的阿宅男女比比皆是，忙亂的快節奏中，閒散宅在家是種難得的奢侈。時移境轉，這會兒遇上全球疫情卻成了苦刑，「主動不想出門」與「被迫不能出門」間的心理鴻溝，盡顯人性微妙多端，自主慵懶居家數日，叫做享受；配合政令宣導家裡蹲，便覺得自由受限而感到束縛了。

冠狀病毒疫情日益擴大，身邊多數人都同我一般，或可稱為「識大體又怕死」的服從公民，這段期間盡可能減少非必要外出、外食，自願乖乖「禁足」，生活裡向來不可或缺的度假、聚餐、休閒活動，當前完全不在考量之列。神奇轉變如此自然無礙，連自己也頗感訝異，我們不是從來標榜個人自由極大化的一群嗎？

某種程度上，可能不得不承認，這一切與年齡脫不了關係，畢竟周遭年輕人，除了慣常「宅」的那幾位，仍是一面日日關心著疫情發展，一面想方設法突圍，戴上口罩拿瓶乾洗手就外出放風，看他們呼朋引伴，不禁羨慕起青春，身強體壯，免疫力就是好；相對起來，我們這些「長輩們」，面對安靜或獨處的能力顯得強大許多。昨日當我年輕時，恐怕怎麼也料想不到今日之我，居然可以待在同一個空間，足不出戶依舊活得從容。

「我們中年體力比不上，不過，心的免疫力比較高。」同輩友人自嘲，說得面子裡子俱到。忙活了半輩子，難得停下腳步，檢視長期忽略的習慣日常，例如：記錄了幾十年消費行為的物質用品，擠爆櫥櫃的衣服鞋包，一旦無用武之地，便沒有價值可言，購物狂幡然醒悟「過日子，其實真正需要的物質很少。」一場斷捨離運動就此展開。

這是中年阿宅的好處，累積太多物質與心情等待處理，無暇坐困愁城，在家絕對有事做。上班時間出門掙錢，下班回家時衷心感恩「這種世道，還有工作收入，真是幸運！」沒班好上成天窩在家的，終於有機會把擱置好久的閱讀清單一一完成，開卷有益掩卷欣喜。外面的世界人車稀疏，的確變得冷清，內心的世界自己做主，想怎樣就怎樣，阿宅的天空可以無限寬廣，何況，現在透過線上能幫忙解決很多事呢！

婚姻的世界

前陣子朋友圈集體瘋迷一齣灑狗血的韓劇，內容大致是講述一對中年伴侶，因為丈夫外遇引發了婚姻海嘯，主角夫妻以及圍繞在他們身旁的相關人等，全都被捲入這股癲狂浪潮之中，終至無法自拔。

從以上粗略無比的概述，就能看穿我並未認真追這部劇，確實。

身為一個不專業戲迷，又看不滿一集，實在提不出什麼高見對人家批評指教，這回之所以好奇有餘興致不足，也許只是如實反映出這個年歲的人應有的淡然。世間男女的愛憎欲求，彷彿已經離自己好遠好遠，久遠到無心再回顧一眼那種激昂情緒，即使是透過杜撰的戲劇。

幾十年活著的經驗，凡走到中年，大概都親身見聞過各種光怪陸離的感情「渣」行徑，有些情節的戲劇張力，比之銀幕上演的甚至有過之而無不及。

例如：他的婚外情親密簡訊意外曝了光，索性一不做二不休藉機撕破臉：「就是故意讓妳看到的，怎麼樣！」然後，當女方哭斷肝腸時，男方卻是頭也不回地出門往小三奔去。

還有為了逼使妻子在協議書上簽字，丈夫故意將小三帶回家翻雲覆雨，在主臥床上留下證據，用盡辦法使她崩潰心死，同意無條件離婚。

看到這裡，如果情緒已經高漲到如同追劇一般澎湃——氣到火冒三丈，想砸電視！別急，還有更荒誕的。

那個小三直接登堂入室，與丈夫在客廳卿卿我我，廚房裡，一心挽回丈夫的妻子，正準備晚餐餵養這對外遇男女，無上限隱忍，只為抓住旁人眼中早已搖搖欲墜的婚姻。

知曉故事的人無不憤慨且唏噓，當神聖的誓言變調至此，這樣的婚姻還殘存什麼價值？

經過許多年，我逐漸明白，婚姻還有沒有存續價值，只有當事人能判斷抉擇。在「婚姻」這種高度複雜的人際關係裡，有太多內在與外在的變數，不足為外人道，豈是一個「渣」字所能概括解釋。那麼多曾經受到萬眾祝福的童話始於「愛」，又終結於「不愛」，說穿了，愛情這玩意兒就是人性裡最大的變數，而它又無法完全以道德論處。

年輕時讀到「婚姻像圍城，裡面的想出去，外面的想進來。」對這段文字拍案叫絕卻不諳其奧義，踏實閱歷過，終於懂得婚姻就是生活，無論當初愛得多濃烈，年深月久都成了生活的一部分，不要對它奢望太多，也不要絕望，用心務實地愛著，終究會明白自己是走進了童話，還是圍城當中。

熟齡紀事

婚姻不是三秒膠，它只是一條可以被拆開的月老紅繩。

陪你一段

姐妹淘們難得抽空相聚，二分之一以上的時間聊的都是老、病、死。

確實，是時候了，中年人無可迴避的課題一一現前，如同複製上一代的生命軌跡，面臨必然的世代更替。所幸，身處這個相對友善的時空環境，醫療發達、資訊多元，無論此刻如何心力交瘁，我們仍由衷感激周遭豐沛的輔助資源，協力延長了一生僅此一次的陪伴時光。

S的父親高齡九十多了，從前羨慕她是獨生女，集萬千寵愛於一身，如今，獨生女的實質內涵，變成千斤萬擔獨自一肩扛，親近友人看著心疼，與她分享一些關於失智者的照護經驗，但往往不太管用，因為她父親除了一般典型失智症狀，遺落部分記憶、時空錯亂之外，還伴隨著嚴重的譫妄，時而活在現實，評論起時事引經據典頭頭是道；時而又飄盪到九霄雲外，扭曲現實遭遇與人際互動，甚至愈益頻繁地編織出許多不可思議的魔幻經歷信以為真，隨之而來戲劇化的情緒起伏，經常搞得家裡人仰馬翻。

即使我們都有過面對至親身心巨變的經驗，聽她平淡敘述這種日常，依然瞠目結舌，一方面必須警戒老人家隨時可能出現的躁動情緒，還得發揮急智，應付各種突發奇想虛實交錯的劇情，偶爾甚至要出動身邊親友配合演出。在此同時，她如常工作上班，支應所有開銷，在現實上，「及格的奉養」除了耐心照護，經濟能力也不可或缺。

她的景況在我輩之間並非特例，每個人的生活故事裡，都有共通又獨立專屬的情節，當風暴來襲時，如出一轍地先踉蹌倒退幾步，然後各自找到適合的姿態穩住腳步，迎接爾後大小不斷的風雨。殘忍地說，這個階段的人生沒有缺考的權利，天大的難題都得硬著頭皮應答，不同的，只是方法的選擇和決定。

許多人在掙扎搏鬥了一段時間之後，不得已選擇委由安養機構照護；也有人告訴我，好不容易下定決心，到安養中心參觀一輪後還是放棄，專業細心抵不過那空間裡瀰漫的絕望氣息。S屬於廣義的後者，但她甚至一步都不曾踏進過安養院，光是眼見老父在醫院的住院病房裡，恐懼「被拋棄」的焦慮不安溢於言表，她便連念頭都不敢有，再艱辛疲憊，都要接他回家，陪老爸爸走這一段。

選擇沒有對錯，某些情境條件選項尤為限縮，不是一句單純「盡孝」所能簡化。無論抉擇的是居家、機構還是安寧病房，守住「陪你一段」那顆柔軟的真心，至少最後能少些懊喪悔恨。

熟齡紀事

養老照顧沒有最佳對策，只能試著找到「心安對策」。

面對人生我們沒有缺考的權利，所以更要積極補充應答的智慧。

愛情履約保證

她年近四十才正式談了人生第一場戀愛，雖說開竅得稍微晚了點，倒是第一次戀愛就成功。交往幾年後，如願與初戀步上紅毯那一端。

在她一向單純的小小世界裡，「以結婚為前提的交往」再理所當然不過，因此，即使異國雙城的遠距戀愛談得辛苦，她還是不畏萬難，一路朝理想目標奮進，終於熬出了那張象徵「安全感」的結婚證書。

故事至此看似結局歡喜圓滿，然而，實際走進待續篇章，才發現一紙證書非但沒能消弭原本的空間障礙，反而由此衍生更多、更複雜的磨合難題。

原本，她一廂情願地想像：婚後他來到她的城市，很快能謀得一份好職務，兩人從此可以過著幸福快樂的小日子，一解長期兩地相思之苦，卻沒想到她的原鄉是他的異鄉，人生地不熟，歸零求職談何容易，偏偏她又一向活得很「安全」，不願冒任何險，不支持丈夫小資創業，固執地要求他必須和自己一樣，當個穩定的受薪族。既然如此，「當初何不等他在這裡找到工作，再論婚嫁？」面對這樣的疑問，她自己也答不出個所以然。當時，只求愛情開花結果，她實在太想結婚了。

無奈的不只是她，男方心裡也憋著滿腹委屈，他一直是想成家的，之所以遲遲給不了承諾，一來這年頭穩定又符合志趣的工作難尋，中年放下現職，未來何去何從？二來，他的雙親已年邁體衰，身為獨子如何走得開？何況，他與父母向來親近，更添猶豫。他們倆都有割捨不下的現狀包袱，要想突破，必得有一方毅然「犧牲」，終於，相對比較好說話的他，從了她軟硬兼施的「安全需索」，不顧一切辭職，當起空中飛人兩地奔波照顧，如今落得兩面不討好，妻子不滿，父母怨嘆。他當初所想望的愛情終局，並不是這樣充滿挫敗又左右為難的婚姻生活啊！

他們當然不是唯一嚮往有情人終成眷屬，然後又從「愛情履約保證」中醒覺的世間男女。想用「結婚」解決問題，最後卻被婚姻現實解決的實例所在多有，人們往往過度放大了婚姻的功能，以為婚姻是愛情的保障，殊不知一直以來都是愛情本身在保全愛情，它可以強韌、脆弱，而婚姻的形式在其中，所能發揮的支撐力道是極其微小的。

他和她的故事將如何說下去，目前無法預知，或許他們此刻所需要的，不是一雙洞悉世情的剔透之眼，只要心悅誠服地接受「婚姻」不是愛情的續命萬靈丹，「結婚證書」絕不等同於愛情的履約保證，就夠了。

熟齡紀事

保障愛情的不是結婚證書，是愛情本身。

傷別離

「你知道○○○的事嗎？」手機螢幕對話框傳來幾個簡單的文字，我便下意識地知道，又將迎來一次告別。

老同事以意想不到的方式，提前和大家說再見了！無預警的噩耗，這些年來得愈加頻繁，「誰病了」、「誰走了」的訊息不時突襲朋友圈，製造集體的錯愕、惋惜。我一向不習慣在公開社群表露哀思，但私底下，每逢傷逝，總為我帶來好幾個無眠之夜。幾十歲的人了，理當看淡生離死別，接受來去匆匆，然而我就是難以釋懷於那早逝盛年，留在人間的種種遺憾與牽掛，這個年歲，還有太多未竟之志，太多責任未了，太多情感羈絆，說走就走，慨歎的豈止不忍別離，那是屬於中年人的悲傷。

幾年前，同樣意料之外地送別另一故友，會場上，她母親緊握我的雙手，噙著淚水連聲致謝，白髮人眼中的慟，至今仍深烙在我記憶裡。然而理智上，我終究還是明白的，再多淚水、不捨，都不可能改變世間運行的規則，人生並不會那麼溫順地依著生、老、病、死的順序推進，無論日正當中或夕陽西下，每個瞬間，都可能是告別的時刻，有時候只是一次不適就醫，一場突如其來的意外，一個跨不過的念頭，生命列車就飛快地疾駛到終點，無可預測，難以逆料。而我們唯一能做的，只有把握「現在」這個獨一無二的寶貴時間，享受每次的日升月落，在告別今生之前，每時、每刻、每種處境，都盡全力的活著！

我曾經極為討厭雨天，窗外的陰鬱，彷彿能穿過空氣透進心裡，帶來難以言喻的沉重。一次與人聊起，朋友說：「其實我們都應該喜歡雨天，沒有雨，哪有水可用？所以，不要再憂鬱了。」簡短幾句當頭棒喝，這位友人比我睿智得多啊，生命的每一天都是好天，何必為外境所擾，鬱鬱寡歡虛擲光陰。朗朗晴空令身心舒暢，雨絲紛飛也有其浪漫，人生，不就因為晴時多雲偶陣雨，才得以體嘗各種變幻滋味嗎？偶爾，我會想起日本詩人坂村真民的詩句：

如果冬天到了
只想冬天就好
不要一直想要遠離冬天
倒不如積極地
去接觸冬天的靈魂
接觸冬天的生命
如果冬天到了

就去認識冬天特有的深沉與嚴酷

還有那無邊的寂靜吧

四季之美，各有所長，跟著自然流轉呼吸，讓我們共同珍惜每一個春夏秋冬。

熟齡紀事

人生的列車到站時間不同，至少一路的風景我們曾認真看過。

每時、每刻、每種處境，都帶著「欣賞的眼光」去過。

第三章

順依天命

該怎麼做，就怎麼去做

順勢而為，順心而活，隨緣盡份就及格了
人生需要的東西，其實沒有那麼多

從搖籃曲到安魂曲

可能你也有過這樣的經驗吧，幾十年老友相聚談天，話題逐年進階，如今已臻至談生論死百無禁忌之境。

那天本是場歡樂牛排趴，群體職業習慣使然，不免又是美酒佳餚佐辛辣政治評析，其間點綴近來詭異莫名的媒體現象，忘了從哪個段落起，原本談論家國大事，被某位仁兄插播切進個人生死議題，自顧自地聊起未來的身後事規劃。想不到，突如其來的主題超展開，竟引起現場諸多共鳴迴響，一時間火花四起，口沫橫飛，好不熱鬧。

「不要哭哭啼啼，就像現在歡聚一樣，大家來吃喝一頓吧！」「我覺得還是生前告別式好，才知道誰想跟你說再見。」「在生前告別，誰敢在面前講你壞話啊！不好不好，還是什麼都不要辦，默默低調離開得好。」。

置身此情此景中，雖然不至於驚訝到下巴掉下來，同輩們對於人生最後一程的高瞻遠矚、設想周全，還是讓我頗感詫異，若非相熟之人，只怕很難想像「這些人真的是在談論自己的生死大事嗎？」那口吻、神態，豁達得像是在開編採會議，冷靜客觀地講述事不關己的新聞事件。而且言說者個個條理分明、見解獨到，顯然對此事真的思慮已久，絕非臨時起意的信口胡謅。

相對於友人們「想太多」，我可能過度安逸而「想太少」，參與這類話題的聲量向來極低，唯一只在乎「到時照片要事先挑張美一點的」，聽來膚淺的玩笑話，其實也是真心話，生命中那些不可測的、難以掌控的變局，已然磨耗我們此生太多時間和心力了，許多汲汲營營的「刻意為之」往往只是一場徒勞，末了，何苦再費心安排什麼？所以我的想像中，任何終結的形式都是次要的，只求那一刻心安理得，了無牽掛就好。

最近拜讀一位外科名醫的傳記，熱愛音樂的醫者，將由生至死的歷程巧喻為樂章——從出生的搖籃曲，到青春的舞曲、結婚的進行曲、遭逢挑戰的交響曲、老年的回憶曲，最後是死亡的安魂曲。醫者的濟世胸懷以音樂生命大師自勉，照顧病人一生；同理套用於個別的人生，我們何嘗不是自身的最佳樂手，無從選擇來時的搖籃曲，也不易掌控臨別的安魂曲，至少人生過程中的主旋律，可以盡情地手動控制，平緩徐行間，偶爾穿插激昂高亢，自覺悅耳，也不使他人感到刺耳，最是動聽。

熟齡紀事

如果連死亡後事都能侃侃而談，那其實再沒有什麼事能困擾我們。

人生的旋律可以自由選定，但音量上不要成為別人的噪音。

脫掉高跟鞋

為了工作入鏡的需要，換上高跟鞋，步履蹣跚搖搖晃晃，遭大夥兒譏笑連路都不會走。其實，從前我與高跟鞋的關係可緊密得很，細跟、厚底、楔型、前高後高任何鞋型，舉凡恨天高系列都是我的外出良伴，衝鋒陷陣也駕馭自如，當時總沒來由覺得：逛大街若沒在腳下墊一點高度，便無法昂首闊步，唯恐成為人群中最矮的那一個。

此番詭異的心理持續了約莫十多年，直到一次意外跌倒，搞到骨折了才被迫終結，打了大半年石膏之後，原本「離天太遠」的焦慮，轉為「離地太遠」的恐懼，為了保護失而復得的健康左腳，只得換穿包覆性良好的平底鞋款。說來奇妙，減了好幾公分的人生，原來並不如想像中糟糕；相反地，穩實踏地似乎比虛假身高更能帶來安全感，更別說雙足前所未有的舒適輕鬆，被虐待了那麼久，總算能夠釋放壓力了。

從此，選鞋的優先順序大風吹，「舒服自在」躍升為最高指導原則，不再為了形象包裝而苛待自己。本來念茲在茲的裝飾條件，轉瞬間無關緊要，矮人一截還是高人一等，在生命裡突然不算個事了。

身邊許多女性友人同我一般，近幾年逐漸與高跟鞋分道揚鑣，回顧那段踩高蹺的歲月，現在的我們時常笑問彼此：「為什麼以前具有那種特異功能，可以足蹬三吋高跟鞋走天下？」熟女自我解嘲言下之意，說穿了就是不可逆的生理機能退化，當腰膝疼痛、雞眼老繭、拇趾外翻找上你，誰還管得了腳背弧度優不優美，體態身形婀娜與否？中年的優點之一就是學會「務實」，大家都心知肚明，趁著尚能健步如飛時，還是乖乖設法延長雙腿的「有效期限」，留得青山在才是上策。

說到這，還得向當前的休閒時尚鞠躬致謝，潮流丕變，這年頭運動成風，健身當道，放眼望去，滿街都是休閒運動鞋，連素來高貴的國際精品也跟著摻一「腳」。明明是無能為力再踩高跟鞋，這會兒卻順勢走在流行前端，正式衣著混搭一雙球鞋非但不突兀，反而被視為「潮」的時髦表徵。有時步履輕快穿街走巷，看著形形色色的流行便鞋，心中不免竊笑，誰教流行就是這麼不講道理，現在剛好又對我輩之人如此友善呢！

那麼，我的高跟鞋到哪去了？其實從主角退位之後，它們偶爾還是會從鞋櫃出來，在某些特定場合跑跑龍套，發揮其特殊功能，拉長線條修飾比例的作用依舊強大，只是，美則美矣，卻再不重要了！

熟齡紀事

勉強的心，事做不好；咬腳的鞋，路走不長，「舒適感」是生活最重要的品質。

愛在終點前

同婚專法上路，新聞版面霎時熱鬧非凡，慣用的社群裡也滿是彩虹旗飄揚。就在世界看似多元繽紛的同時，聽聞了一個比電影更悲傷的故事。

她們倆在一起十多年了，與世間所有的情侶一樣，愛的路上走過恩愛、爭執、濃烈、淡然。然後，其中一方暫時離開了，飄洋過海遠赴他鄉工作築夢，正值大展身手之際，她又放棄一切回來了，因為，那個留下守候的人，被診斷出已時日無多。

十幾年相處下來，當初的天雷勾動地火，早從絢爛歸於平淡，成熟人懂現實、能體諒，為了生活分隔兩地，不過一絲牽掛，然而，生離死別在即，所有世俗的理想都不再高遠偉大了。摒除所有瑣碎雜念，她們又回到當初心動的原點，單純地聆聽彼此，度過最後的時光。

許多年以前，我的生活圈裡也發生過一段類似的愛情，同樣陰陽兩隔的惆悵結局，而當時故事主角更為年輕。

那兩人氣息相近，十分登對，男孩女孩身上都飄散著濃厚的書卷味，一樣聰明敏銳、勤懇踏實，他們因共事而相戀，兩個內斂含蓄的文青碰撞在一起，仍是一貫波瀾不興風平浪靜，包括我在內的所有人都認為，沒有意外的話，他們應該是身邊最有機會開花結果，順利終成眷屬的一對。

然而，嚴重的意外驟然降臨了，女孩先天的心臟問題超乎想像嚴重，在盡完一切醫療人事之後，男孩毅然帶著女友遠離都市塵囂，到東台灣靜養，日升月落看山聽海，猶如相知相伴多年的老夫老妻隱居山水間，以平凡的日常體現極致的幸福，直到女孩安然離去。

凡人敵不過老天寫的劇本，但總還有些彈性，可以選擇如何展演生命。旁觀他們的故事，曾讓年輕的我看見另一種愛情的詮釋方式——平淡如水，堅硬如水。至今還記得那場告別式，男孩默然立在男性家屬那側鞠躬答禮，訃聞上也列印著他的名字，但其實在她生前，他們終究並未真正合法結褵。

以婚姻正式完成誓約的愛情，仍可能幻滅破碎；未曾走進婚姻裡的愛情，也未嘗不能完整。法律明訂各項權利義務以建立社會秩序，卻規範不了愛情生長的面貌。他們的故事因生命嘎然而止，徒留唏噓，相對也增添了幾許純粹的淒美。幸運還能以餘生去愛人的人們，無論是誰，做出何種選擇，前路坎坷或平順，此刻，都值得一份祝福。

熟齡紀事

冥冥中有些事無法預知，也無法避免，我們只能在遇到之後泰然以對。

聖母與媽祖

東西方聖母最近都很忙！

這麼說，絕無絲毫不敬之意，而是真心嘆服人類表達崇敬與玩笑的豐富創造力，大不諱地讓神明也瘋狂！

先是巴黎聖母院烈焰沖天的畫面驚動全世界，一時間，社群裡滿是各自表述的惋惜和舊照，達到空前洗版效果。不出幾日，應運「媽祖託夢」而生的創意對話，接力搶攻版面，歷史的追憶懷舊與現代的政治譏諷，交會於各種資訊渠道，讓宗教莊嚴肅穆的真善美聖和濟世悲懷，瞬間輕盈不少。

我非泛基督宗教一員，對民間信仰也稱不上研究，但冥冥中似乎總能微妙感受到東西神祇的指導眷顧，不直接訴諸任何教義言說，而以一種迂迴、生活化的方式予以提點，雖然似懂非懂，不確定那些邂逅算不算「與神相逢」，不過，我始終相信因緣的牽引必有其深意，生命的每一條絲線都有交會之處。

例如十歲左右，得到了人生第一本翻譯小說《鐘樓怪人》，開啟巴黎聖母院與我的初始相遇，那一系列叢書，是當年東方出版社專為兒童打造的注音版《世界文學名著》，比教科書有趣百倍的情節引人入勝，記得沒幾天我就飛速讀完了。貌醜心善的敲鐘人，從文字之間帶我走進巴黎聖母院，「喔，原來世上有這麼個地方，有天一定要去瞧瞧！」

二十年後，如願踏上西堤島，長大了，明白那裡沒有虛構的怪人、美女與壞主教，只有排隊等候進入聖母院的遊客人龍。成人的真實世界，欠缺了小說的戲劇想像，但書中深刻的善惡思辨在腦中依然清晰，雨果的《巴黎聖母院》是我的啟蒙開端，其後延伸到《悲慘世界》進一步體會世間苦難，形塑養成關於是非黑白、公平正義的界線觀點。如今回首這一連串過程，雖然脫離教條，卻好像真實懂得了某些道理。

至於與天上聖母的近距離接觸，時序上儘管晚了點，卻由於採訪工作密集壓縮，在極短的時間內，快速深入台灣最興盛的民間信仰，九天遶境，日日都有微小感動，來自那些真正虔敬、善良的信眾。

跟隨過媽祖出巡的人，應該都曾經親嘗台灣樸實純良的人情滋味，沿路信徒慷慨付出他們所能奉獻的一切，將自己受到護佑的功德，回饋給途經家門的陌生人群，因為那些各自動人的信仰體驗化為善心大愛，讓我們得享身心飽足，感恩而來的歡喜，時隔多年仍鮮明地留存心中。

熟齡紀事

敬拜神佛使人心地光明，唯有這份光明的心地，能耕耘出光明的人生。

樂當媒人婆

那對令人稱羡的佳偶又從日本遊歷歸來了，手機傳來炫目的自拍影片當作聖誕賀卡，五光十色縮時夜景美不勝收，穿插在深秋楓紅裡的一張情人視角「愛妻照」，更是幸福感破表，一分多鐘的短片，透過小小屏幕散發濃情蜜意，薰染得我也跟著陶醉幸福裡。直到晚間就寢時，心中還暗自得意：幸好當年多管了這樁閒事，才讓兩個對的人觸發機緣，碰撞在一起，終成美眷。

他們是我直接媒合成功的第二對愛侶，距離前一對已時隔二十多年，人家小孩都上大學了，雖然另一半常開玩笑對人說：「我太太最喜歡作媒了！」但這種達成率，顯見實在不好拿出來說嘴。由於年紀輕輕第一次牽線就成功，我曾飄飄然誤以為自己是個天生紅娘，隨便出手就旗開得勝，殊不知接下來竟連嘗敗績，別說為人作嫁不成了，最糟的是分手男女反目成仇，我也被迫與其中一方就此不相往來。這種人際學問複雜詭譎超乎想像，實在不可等閒視之。

不經一事不長一智，為了不再誤人誤己，暫停搭建友誼的橋梁好長一段時間，爾後隨著年齡增長，閱歷了不同的悲歡離合，對人間聚散越趨隨緣淡然，即使身邊單身者眾，我也很少再積極出手為人促成了。這回，之所以睽違多年又添一筆記錄，完全是個無心插柳柳成蔭的美麗意外。

兩個優質單身的男女都已年過四十，不排斥結婚，也不積極追求對象，寧缺勿濫，各自過著一個人的充實生活，同年次，同樣人品高雅，同為獨立進取的專業人士，直覺他們合得來，於是我們以「兩通電話」外加「一場聚餐」，簡單完成牽線工作，之後就退場放牛吃草。想不到氣息相近的這兩人果然有緣，自己默默對眼，在介紹人渾然不知的情況下陷入熱戀，兩年後步入禮堂， 路至今不曾驚心動魄，平順穩定的投緣契合，扶持相伴，一切宛如今生註定。

知道這個故事的朋友，偶爾起鬨央求我再接再厲，多牽幾條紅線造福人群，不過現在我可清醒得很，絕不敢沖昏頭亂點鴛鴦譜，心底深處雪亮明白：我們不過是偶然闖入的轉接頭，真正的靈魂伴侶不需要透過旁人撮合，自然能在芸芸眾生中發現彼此。所謂天賜良緣，本是屬於當事人自己的緣分，我們現身其間唯一能做的，只是因著別人的幸福，自己隨之感到喜悅滿足。感謝這幾位有情人，充實了媒人婆的快樂紀念冊！

熟齡紀事

天賜良緣或是人為促成，都像中樂透一樣要感恩珍惜。

中年告別課

歲末年終的送別，在步入中年以後彷彿成為一種固定儀式。親朋故舊、同儕老友不約而同，總挑在這送舊迎新的時節交替生命狀態，往生者了結今生塵緣，不知真否自在逍遙去了？仍在紅塵打滾的生者，卻肯定得費點時間稀釋悲傷，然後被動地，準備面對下一次可能隨時襲來的惆悵，年復一年。

然而這個年，終究不太一樣，當離別的故事場景發生在自家門內，主角是這個家裡最重要的精神象徵，一時間撼動生命，掏空心靈，至親的離逝，傷逝憂懷又豈止惆悵而已。

在此之前，從不曾想像，少了婆婆的夫家會是怎生模樣？老人家七十多歲實在不算真老，勞動勤勉，硬朗俐落，每個面向都該是專家眼中的現代養生典範。去年此時，為了照顧術後虛弱的我，還到家中小住月餘，硬是發揮她一貫的潔癖精神，爬高蹲低，幫我把居家環境裡裡外外翻新了一遍。那段幸福時光，還得以日日品嘗她練了一輩子的好廚藝，老人家儉省，自己向來吃的樸素簡單，對兒孫吃食營養卻從不手軟，那一代的媽媽，幾乎都像這般燃燒自己照亮家人的活著，閒時促膝聊女人心事，心疼彼此奉獻付出，是婆媳也像母女，十多年婚姻帶給我另一個母親的愛，深刻且厚重。

至此，終於能夠稍微懂得父母輩當年的心情，我們心目中的巨人，也是用這樣的情懷，仰望依戀著他們上一代吧！自然的律則，推著兩代人往生老病死的方向同步移動，光陰置換不同世代的臉孔不斷前行，此刻，我們被迫來到了父母當年的位置，重複他們也曾經不得不面對的一切，體嘗一樣的悲傷，學習承擔，親力親為，同時處理雜亂的心緒與外在世俗的煩瑣。告別、失去，是中年人的必修課。

從前聽人說，生死雖一大事，經歷幾次便也逐漸淡然了。中年體會，覺得這話沒說完全，所謂「淡然」，不過是淡化原本自身對生之眷戀、死之憂懼的執迷罷了。「通透生死」是成熟的表現，但這並不是教人冷漠地解脫情感的羈絆，因緣越是深厚，牽繫自然越是綿長，絲絲縷縷都是未來重逢的線索。

於是，我再也不勸自己與他人停止想念了，生理機制會巧妙地發揮自助功能，終止身體和心靈的過度哀傷。化不去的思念，無傷無害，就讓它自然靜置心中一隅，留做我們此生曾經交會的證據。

熟齡紀事

「思念」是一種痛，也是一種甜，放在心中領會，無須刻意遺忘。

同林鳥怎麼飛

那幾對稱得上是現代老夫老妻楷模了，場合無分大小，只要現身必當成雙。這麼些年，眾人倒也習慣了他們形影不離，數人頭時不必多問，便懂貼心自動乘以二來計算。

想當年新婚燕爾濃情蜜意化不開，攜伴出席是常態。接下來小孩出生了，新手父母出門如打仗，非得兩雙手腳才能成事，連袂同行有其現實需要。如今孩子大了，朋友、電玩擺中間，被棄置兩旁的父母，自動開啟相依為命模式，繼續焦孟不離相伴下去。

如是這般細水長流的穩定「黏TT」關係，理論上該令人豔羨才是，畢竟我們自小聽聞「在天願做比翼鳥，在地願為連理枝。」不過，這年頭呈現的事實卻有點反諷，黏得太緊非但不易獲得讚許，還可能招來「缺乏安全感」、「沒自我」等等質疑，尤其當另一半因故無法參加，因而雙雙都缺席活動時，鶼鰈情深過度，反而成了一種社交缺點。

「時代變了」，用這句話來解釋任何事情都是個好答案，婚姻觀念亦然，例如：執子之手與子偕老的當代意義，儘管依舊表徵幸福恆久，也為多數婚姻中人所嚮往。不過現在「執子之手」，可要牽得收放自如，時緊時鬆，偶爾也要放手各自喘息。在婚姻裡保有自我追尋的空間，似乎更能獲得我輩中人認同，無關愛情與責任，不過就是那句「時代不一樣了」，婚姻裡的個體在扮演多重角色的同時，那個只屬於自己的「我」，如今被鼓勵保存，甚至被允許放大。我私心以為：這時代變得真好！

愛攝影、愛旅行、愛運動、愛美食、愛讀書……，養兒育女任務告一段落，人生開始海闊天空，任君選擇。像是老同學好奇心旺盛，遇有假期便往天涯飛奔，先生內向不愛出遠門，但從不阻撓她探索世界，甘願在家守候，當個深情男人；另一位老公雖曾當眾發出悲鳴：「連續假期竟沒人陪我，兒子女兒都有自己的事，連老婆都參加攝影團跑到西藏去了。」不過，熟人都明白，他的哀怨裡實則暗藏幾分得意，弦外之音發散著：「我太太很獨立，有自己的興趣與想法。」

千萬別誤會，我們這輩人妻並非習於拋夫棄子，或者非得強調自我意識才符合潮流。快樂的內涵因人而異，理想婚姻也沒有固定的樣貌，如何以合意的方式一起慢慢變老，每對夫妻各有彼此的默契與體會。同林鳥比翼雙飛自是幸福；振翅單飛，補充能量再回巢也挺浪漫。

默契因人而異，用「彼此都合意」的方式一起攜手共度。

同感帶

據說，相近年分出生的人，命運軌跡必多有交疊。

非關任何信仰哲學，這種說法經由歲月認證，逐漸累積了可信度，說服基礎平凡無奇，不過一般庸俗的日常經驗，只要環顧周遭，偶爾相互交流一下，便能在別人的故事裡照見自己的人生。

「最近好累，老人家開始失智了，家裡一團亂，心力交瘁。」

「唉，我懂！幾年前也經歷過這些過程，真的不容易。」

「公司又要調整縮編了，搞不好得提前退休，不過小孩要出國念書，好像暫時還不能休息。」

「我們也好不到哪裡去，業績已經腰斬了，很快又會實施無薪假吧？」

諸如以上真實又殘酷的對話已成常態，不時出現在中年世界裡。

「中年危機」或許是個基本的好解釋，人生累積至此，該調整、轉換、爆發的一次性檯面化，這種現實彷彿跨世代複製，如此順理成章，我們的父母輩不也這麼過來的嗎？

然而，咱們這夥的人生，同質性之高遠超過上一代，此刻面臨的人生「期中考題」也更加複雜難解。該歸咎近幾年社會、經濟與文化現象的劇烈變異嗎？不，做人要懂得感恩，時不時請低頭看看：自己腳下多少人在為你墊高。想當年，我們可也是大環境變動下的受益者，若非教育普及，豈能享有前人未有的均等機會；如果不是經濟起飛躍進，哪能創造如此大量的中產階級、小資本家。

在傳統與現代交會的環境裡成長，我們的世代特性天生註定，連抱怨訴苦都切記有禮有節，飲水思源。我們是追尋個人自由的第一代，但個人化的不太徹底，畢竟骨子裡新舊並陳，因而外顯出既開創又守成、前衛且保守的矛盾面向，連高喊「愛自己」之餘仍左顧右盼，小心地劃定享樂分際，終究仍有責任在身不可或忘。

同樣的時空背景，造就了這麼一群人，即使際遇因人而異，大體上還是有類似脈絡可循，閨蜜相聚提及現下家庭、職場困境大吐苦水：「我們怎麼都那麼歹命啊？沒有最慘，只有更慘！」一點也沒錯，走在同個時代是命中註定，會成為至交是物以類聚，因為頻率接近所以彼此相吸，我們的內在思維、處世方式，都在同一套標準下運行，命運大同小異倒也不足為奇了。

曾有下一代年輕人問過我：「覺得苦嗎？」說真的，與其說苦，不如說是充實，各色各樣的好好壞壞，都讓我們這代人給嘗盡了，能擁有那麼寬闊的同感帶相互理解共鳴，也算幸運吧！

熟齡紀事

不要一味認為自己是受害者，活在每個時代都能得到不同的好處。

長輩的進擊

朋友們最近很哀怨，一個個驚覺自己竟升格成了「長輩」，哭笑不得。

參加婚禮被安排坐在長輩桌；兒女的戀愛對象恭敬有禮地叫喚「伯父伯母」；金曲獎流行歌曲和年輕歌手，半數以上都沒聽過……。

雖然半百之齡，登上「長輩」寶座理應當之無愧，卻不知怎地，心裡就是有股無以名之的不對勁。就像某既定計劃突然進程超前，來得太快而措手不及，一切都還沒準備好！

然而仔細想想，面對人生故事裡的各種身分角色轉換，我們哪次是先準備就緒了才披掛上陣？

學齡一到，父母就嚴守國民義務教育規定，把還在哭鬧不休、根本不懂「學生」為何物的我們扔進校園；戀愛、結婚看似成年後有意識的自由選擇，不過說穿了，還是被感受與情緒牽著走的衝動結果，我們多半是在進入婚姻情境以後，才開始調適轉換人生的角色，而非先學會如何當個妻子、媳婦，才好整以暇地步入禮堂。

我曾經播了二十年電視新聞，為了在螢幕上呈現最好的一面，幾乎把全副時間心力都投注在工作上，即使自以為每天兢兢業業，在上場前做足準備，臨場時還是會發現這裡不對、那裡不夠，更別說主播檯上隨時來襲的突發狀況，經驗法則證明：當你做了一百種準備，必然還會有第一百零一種意外等著伺機而動。

這麼說，並非鼓勵大家從此一起過著擺爛人生，凡事等著船到橋頭自然直，相反地，正因為準備永遠不嫌多，從日常中，逐步培養「心靈的彈性」絕對必要。即便仍不足以因應每次轉折、完美詮釋每種角色，至少能讓自己在生理年齡或人生境況改變時，多一分從容，少一點窘迫。

當然，這年頭要當個稱職的「長輩」，可不是只有心理建設那般簡單，世界變化速度前所未有，世代氛圍顛覆以往，偶爾羨慕年少時的仰望對象，成熟、睿智、雍容、權威，諄諄教導盡是金玉良言，強大氣場自有懾人之勢。交替到我們這一代，非但精神上學不來，實際上也不管用。「輩分」或許仍標示著年齡與歷練的差異，卻不再是尊卑高下的象徵，這年頭想倚老賣老，門都沒有！

相對於某些人對「長幼失序」感到嗟嘆，我倒不那麼悲觀，身邊謙和受教的晚輩依然佔多數，只怕自己是否給出過時的建議，卻沒能傳承雋永的道理。至於老派或老化既然無可避免，就不必掛懷了，反正只要活得夠久，誰不成為長輩呢？

熟齡紀事

保持從容，每個人都是在還未準備充分就得上場。

秋涼了

中秋過後，溽暑熱氣明顯消散了，秋風微涼，輕觸肌膚通體舒爽，偶爾陽光露臉，溫和的暖意格外怡人，當真是全年最友善的時節。

台灣位處亞熱帶，算不上四季分明，國境之南幾乎終年如夏，難得嗅聞隆冬氣息。北部酷暑寒冬相續，往往春未至花先開，秋葉落不盡冬節已叩門，春光秋色驚鴻一瞥點到為止。我想，特別喜愛秋天，可能也隱含著物稀為貴這個極度庸俗的理由。

日前一位中醫朋友善意提醒保健之道，建議秋冬時節「不必太早起床，日出後再甦醒就好。」依她所言，醫理雖深，不脫自然生息循環，更是先人智慧結晶，農作看天秋收冬藏，人體也是一樣，必須跟隨時序調息，該收該藏的時候養精蓄神便是，切莫逆行強加運轉，否則非僅徒勞，恐怕還會深受其害。同理，春夏降臨，大地復甦時，人也要跟著醒轉，活躍起來向陽律動，哪怕縮短一點睡眠時間也無妨。

「原來早睡早起這檔簡單的事，也這麼有學問啊！還得跟著四季流轉。」我嘖嘖稱奇，一席談話，上了一課，朋友笑說：「那是當然，天地萬物都是大自然的產物，人又怎會例外？所謂養生，就是順勢而已。」

記不清經人提點「順勢」二字已是第幾回了，說來有意思，在春夏燦盛的前半青春歲月，這些話通常入不了耳，並非以為無理，而是心裡無感。偏要活到這恰似夏末秋初的生命季節裡，才稍能體會小我與大我之間，那種密切永續的連動關係。淺白一點的說法就是：終於認命、認分了。時機未到，既不能強求，更不宜倒行逆施；是時候了，順勢而為自然水到渠成。偶爾回首會驚覺：來時路平坦也好，曲折也罷，盡皆蘊藏深意，大處小節自有一番安排。初生如春，熾烈如夏，彼時或奔放或莽撞，其實早已不自覺的半推半就，順行道途。而今人生入秋，盛氣降溫，脾氣收了點，覺察力高了些，心中、眼底又是另一幅風景。

「秋天是個容易回首的季節」好友臉書這行文字，默契十足呼應了我的秋日感懷，但不知他的回首是否同我一般，夾藏著諸多想念。所幸，我們都過了多愁的年紀，只餘善感留香，回望所思所念感恩多、愁緒少。初秋中年，隨勢收攝心性雜緒，如此回首向來蕭瑟處，便是也無風雨也無晴了。

熟齡紀事

即使是科技時代，「大自然」依舊是我們最終的導師。

順勢而為，順境而活，順著春夏秋冬調養生息。

愛的存摺

總聽人說，迎接晚年需得備妥三本存摺：健康、友情、養老金。又有好些暢銷書告訴我們，為何現在是當老人最好的時代，如何培養優雅老年的才情，或者怎麼品嘗老年的美好滋味。

資訊爆炸的時代實在好處多多，連年華老去這件事，都不再那麼令人生畏，取之不盡的守則、格言、懶人包，隨時隨地提供解方觸發思考。身為準銀髮族一員不得不承認，我們這世代享有的資源之豐沛，已不只是生逢其時的偶然幸運而已了。

我們一向習慣視時空環境的恩賜為「福分」，後來值遇幾位高人提點，所謂「福分」其實來自「認分」，不純然是天上掉下來的禮物，此番見解獲得同輩友人們一致贊同，回顧點滴，個個無不點頭如搗蒜。在變動、躍進卻仍帶點刻苦的背景下成長，本分紮實的努力學習，是任何一個世代共通的基本功，也是普及於這一代人的集體意識。年少時如此開創人生，來到中年依然不改其志，連怎麼讓自己變老，都要準備得妥妥當當。舉目所及，身邊親友此刻無一不在為下個階段的人生積極盤算著，即使是那些以豁達著稱，總是標榜活在當下的人們。

然而，在一切令人嘆服的「晚年充實計劃」當中，這些年，特別觸動我的反倒是不具特定目標的行動作為，一種無法具體呈現的累積數字，沒有指標量表的健康評估，看不到終點的馬拉松，也數不了人頭的宴飲歡聚。勉強解釋，姑且稱之為「愛的存摺」吧！

不需要強烈的動機，也不預期具體的收穫，就是自然不經意地與人為善，給予真誠關懷和一點體貼，哪怕只是在大眾運輸工具上，隨機協助搞不清楚目的地與搭乘方向的旅客，買早餐時給店員一個友善的微笑，或者不小心扶了跌倒的路人一把……，每天都有機會為自己那本愛的存摺注入新的本息。當然，更別說自己原本人際圈裡那些個直接、間接認識的人，在某年某月的某一天可能意外給予的反饋，我們永遠不知道善意發散的當下，會引發多麼長遠巨大的能量。

我的許多同儕都在各自關注，在營利或非營利的場域，開始實踐累積他們愛的存摺了。人大約要活到一個歲數，才能領會這種看似不實用，其實無比富足的精神力，而且，不要懷疑，在你需要的時候，它一定派得上用場。

熟齡紀事

癡心等待驚喜出現，通常得到的驚嚇比較多。

「愛」是一口湧泉，越是付出越是湧出，越是分享越是富有。

庚子年的傳說

身邊諸多高人異士，早在年前就不約而同發出警語：「二〇二〇庚子年不好過喔！」身為事事講究科學實證的現代人，每回聽聞，總不由得發自內心挑釁：等著睜大眼睛瞧瞧「到底能有多不好？」活到中年階段，除了少數例外，人們多少都沾染過一些命理之說或神之語言，所謂鐵齒也好，迷信也罷，實際領受過多變世事、離合悲歡之後，對於人生，心裡泰半都有那麼點無能為力的慨歎。包括自己在內，面對理性範圍之外的種種現象，自然機轉為「寧可信其有」的安全防護態度，似乎變成一種集體的必然，例如：身邊有些半輩子不信邪的無神論者，近年也開始跟風學人問事、批流年，甚至還有基督宗教信仰的朋友到廟宇安太歲，人人心中的懸念，不過是趨吉避凶，平安而已。

於是，當各種修習領域的「老師們」，不約而同指出來年多厄，難免教聽者心驚膽顫繃緊神經，即便半信半疑，也不敢率性駁斥哪些為無稽之談。尤其庚子甫交氣就遇上新冠肺炎擾亂全球，彷彿有力佐證著先前言之鑿鑿的趨勢論斷，特別是關於大規模劫難、災禍的「先見之明」，簡直如命中紅心般神準。

可能由於天性叛逆愛提問，在敬天畏神、尊崇老祖宗智慧的同時，我往往也會發出「然後呢？怎麼面對？」之類的升級版疑惑，畢竟日子再難過還是得過，總覺得未卜先知之於生活，還是提出解方要實際得多。

拿這六十年一輪的庚子年來說吧！前一個年度就從四面八方湧入來自紫薇、八字、占星各種理論範圍的大數據，結合曾經發生過的歷史事件，在在指向不同形態的戰禍，諸如殺戮、經貿、疫病等等衝突，還有「這是個老舊傳統的崩解之年」，以及「對年長男性特別不利」等更精微的預測告知，就結果論觀之，不可否認又是高命中率，不只新冠肺炎對長者衝擊重大，周遭親友各家男性長輩紛紛衰弱凋零，這個時間點，使穿鑿附會更加容易。然而，印證準確與否不是解答，我們該探問的是，如果真的勢不可逆，那麼在巨大浪潮的面前，渺小的我們如何自處？

有人告訴我：「保守為宜，平安就是福。」也有人說：「再好的時代也有運氣背的人；再壞的時代也有幸運者。」不過，我覺得最有說服力的是這四字箴言「禍福相倚」，看穿包裹於華美內在的警訊與險惡當中的希望，不必神算、神諭、驚恐或忘形，安然自會降臨。

熟齡紀事

無論神諭或科學如何論斷，我們都只能「抱持希望，謹慎前行」。

偶像老矣

看到一位小友在臉書寫下：「我發現一件好可怕的事，劉德華五十八歲、郭富城五十四歲，連莫文蔚都五十了！」捧腹大笑之餘，忍不住自己玩起接龍遊戲，還有……周潤發六十五歲（此時心裡不知怎地聯想起老人年金）、張學友五十九歲、梁朝偉五十八歲，連「小天王」周杰倫也過了不惑之年呢！

這就是歲月的公平與無情，再怎麼英俊倜儻、嬌豔如花的青春風流，都享受不到一丁點特權暫留，必須順隨時光的單行道一致前行，縱能短暫「凍齡」，不過是延遲老態，生理年齡可是不留情面一視同仁，時間到了，該是幾歲就幾歲，誰都不例外。

然而偶像之所以為偶像，若非先天條件優於常人，就是硬比你我多出幾分能耐後天養成，自然能居高臨下笑傲眾生。有一回與「圈內推手」聊到偶像養成術，對方吐露無上祕訣：塑造偶像，就是在凡夫周身罩上一層金光，使之連呼吸吐納、吃喝拉撒等凡庸瑣事，也彷彿飄散一股不尋常的「神之氣息」。更重要的是，偶像必須親民又要拉出適當距離，維持一定的神秘感，才能令人產生好奇，永保新鮮。

以上只是經紀公司的標準作業原則，偶像本身才是整套塑型計劃的主要核心。天下俊男美女何其多，為何偏偏挑中那幾位紅透半邊天？人要成功，機運之外，唯堅忍不拔別無他法。無止盡的專業進階，以及維持自身最佳狀態的嚴苛要求，讓我們甘之如飴自願成為XX粉，迷醉的不僅是偶像外顯的魅力，還有對「自己力所不及」那種堅忍恆毅的尊崇敬佩。

雖然從不追星，也未曾盲目崇拜過任何影視名人，我卻一向樂於欣賞螢幕偶像，世代皆有才人出，偶像們用天資與才華豐富了我們的視聽感官、娛樂休閒，有些偶像甚至等同一個時代的印記，牢牢鑲嵌於某個特定時空的背景當中，揉合我們每個小小生命與共，若無偶像引領風騷，集體記憶中那塊時空畫布肯定失色不少，這個世界需要偶像！

神級人物終究還是人，何必唏噓偶像已老！五十歲的莫文蔚歌聲依舊慵懶動聽，逆天長腿還是美得教人不敢逼視；梁朝偉的電眼添了幾條魚尾紋，更顯成熟韻致；張學友年近六十，舞台上載歌載舞，演唱會仍一票難求；即使有朝一日，所有偶像都洗盡鉛華，像山口百惠那樣，如同一個尋常主婦提著購物袋逛大街，也無損他們用生命點亮了一個時代的光熱。所以，別再計較皺紋、歲數這等不可逆的無聊小事，強求不許人間見白頭，讓我們的偶像優雅老去吧！

熟齡紀事

該幾歲就幾歲，青春不可逆，長壽猶可追。

關於成熟二三事

朋友問我，專欄名稱為何取為「熟齡紀事」，而不叫「少女時代」？我大笑不已，這麼幽默狂放的建議，實在無顏領受，敦請那位嬌豔動人的美魔女還是自己留用就好！

「齡」是我的名字，「熟齡」是我的狀態，那日靈感乍現，就用了這名稱。或許也因為我確實喜歡「熟齡」這個詞彙，漢字博大精深，一個「熟」字可指向多重意義，諸如長成、豐富、經驗、習慣，各種解釋無一不可對應人生，巧喻生命育成積累的層次內涵。何況「熟齡」以中年為起點，一路延展到老年，我輩之人雖已一腳踏進熟齡圈，卻屬裡面最稚嫩的一群，號稱「輕熟齡」，多麼令人欣慰的時髦名詞啊，剛剛熟成，恰到好處，像是位於人生最佳賞味期，「熟齡」之於我們，不但精妙貼切，且兼具強大的心理安慰功能。

人屆中年，特別計較一切與年齡有關的形容詞，以及歲數上的微距離，其實，想知道自己熟了沒？最直接了當的答案就在職場，當我們逐漸從「妹」升級為「姐」，一切不言可喻。某次無意間得知年輕同事的出生年次，還心中一驚，暗自竊喜這聲「姐」未免太被寬待了，相差二十幾歲分明已經是一個世代的間隔，曾幾何時，生理年齡竟在心理渾然不覺時，悄悄熟透了？

年齡真是個狡猾的陷阱，用歲數誘使我們自我暗示：在哪個階段必須成為哪樣的人、端出哪種姿態。偏偏有些人就是捏不出那個「大人」的標準形狀，我自覺就是其中之一，熟女雖不敢妄稱少女，卻無法不坦承對世俗所謂成熟樣貌的惶恐心虛，每次聽李宗盛的〈山丘〉，都覺得彷彿是在對我唱著：「也許我們從未成熟，還沒能曉得，就快要老了……」。

《小王子》說：「每個大人都曾經是個小孩，只是多數人都忘記了。」書中這一段，陪伴我從學齡到熟齡，或許太怕老成，所以一直有意識地記著自己曾經是的「那個小孩」，因而無法煉出心靈的精純熟度吧？長輩眼中，我的熟齡素質始終難以達標，「幾歲了？還老是嘻嘻哈哈」；平輩看我「天啊！幾歲了？還迷海賊王」。說來慚愧，直到如今，我確實還找不到那條通往真正成熟的道路，唯一相信的是，無論幾歲，我們都可以選擇活得圓熟而純真，世故又善良！

熟齡紀事

慢慢的或快速地都隨意吧，心理的年齡，大可用自己喜歡的速度來熟成。

第四章

念舊惜情

愛都愛了，沒有所謂割不割捨

不苛求，不怨懟，也不用試圖回到那個時候
確確實實愛過傷過的痕跡，都是彌足珍貴的寶藏

小鎮情懷

小鎮，是生命裡一種特殊的存在，談不上鄉愁，比較貼近的說法是：血液中與生俱來的原始情懷。

雙親都來自中台灣花最美、米最香的彰化縣，相鄰小鎮的男女在台北城相識、結髮、落戶，算是早期的「北漂族」。同輩中，如我一般的「北漂二代」為數不少，「出生地」與「籍貫」記註著兩處不同地名，真實地呈現一頁台灣人口遷移史。對我們這代「台北小孩」而言，父祖輩的故鄉只在逢年過節登場，歲末回返是歸鄉亦是出遊，幼時，但覺小鎮新奇陌生，所謂近鄉情怯，乃至各種感懷念想，都是後來的事了。

嚴格說來，家鄉員林無論人口、面積都超過「小鎮」定義的範疇，是彰化數一數二的大鎮，比起鄰近鄉鎮，員林街市熱鬧，車水馬龍，倒更像座「小城」，即使如今已升格為市，它仍是我心目中根深蒂固的小鎮範本，人情馥郁，物產豐饒，百果山上真有香甜百果，產量多得因而發展出另一項地方特產「蜜餞」，偶爾在超商架上看到「員林蜜餞」，總愛買上一包解解嘴裡和心裡的饞，「鹹酸甜」（台語發音）一詞完美傳達蜜餞在舌尖上的多重美味，用以形容人生況味同樣精準巧妙。

包括老家在內，從前小鎮處處透著歷史痕跡，培育上兩代的宅院「玉壺春」，拱門迴廊園林雅緻，景如其名；祖父行醫半世紀的古樓，則是典型的華南騎樓式建築，風雅實用，鎮上舉目皆是。當時年紀小，不懂古樸意境，騎樓老街、日式神社、清朝媽祖廟，或者家族春節必訪的石頭公，都引不起我們興趣，小孩群只關注對面夜市食材溢滿整碗的魷魚羹、手工刀削的圓仔剉冰，以及戲院門口香噴噴的碳烤玉米和醃芭樂。

真正與故鄉小鎮建立情感聯結，是從自家的「夏令營」起，每逢暑假，堂兄弟姊妹們就被集體送回員林，一起領受祖母「鐵的教育」，每日作息按表操課，無人膽敢逾矩，日子看似規律嚴格，實則趣味盎然，家族人丁興旺意味玩伴不缺，讀書、踩街、受獎挨罰都有人陪。午後固定放風蹓躂，小手相牽隨意閒逛，那些個夏天逐漸清晰了小鎮的街景輪廓，不過，我們最常消磨的地點其實是戲院，繁榮市鎮上片速度不亞於都會，暑期強檔若非瓊瑤愛情就是驚悚鬼片，看完一部《殘月陰風吹古樓》嚇得大夥蜷縮在臥室榻榻米，望著窗外弦月伴隨夏夜晚風，不時驚聲尖叫，那一夜，好入戲！

經過數十年發展，曾經又愛又怕的老家古樓也隨小鎮變身，住宅華廈幾乎掩蓋了所有昔時風貌，所幸，我們還有老照片與記憶庫！

熟齡紀事

自己人生的五味瓶，時不時搖一搖嘗一嘗，一切滋味的綜合就是「幸福」。

相遇豔陽下

暑期長假是個相聚的好時節！

本是屬於學生的歡樂慶典，忘了從什麼時候開始，演變成自己全年生活裡約會密度最高的「仲夏友誼盛宴」。查看行事曆，各種不同組合的人際邀約，幾乎佔據整個暑期的週末時段，人生這一路上，曾相伴偕行的同窗、同事、故舊們，不約而同從四面八方聚攏在這長日季節，持續燃亮友情之光。

從前我並不特別愛熱鬧，出缺席都是興之所至，還一度戲稱某些友人為「鐵咖部隊」，總能擠出空檔無役不與，像花蝴蝶似的到處喳呼。然而現在，「花蝴蝶」在我的人生字典裡，早已轉化為熱心公益、隨和可親的代名詞，想想這些年，若少了他們在身邊飛來繞去，牽繫彼此，即使通訊軟體再發達，近在咫尺的忙碌人們，終究猶如天涯兩端，相見時難。

成年人約聚實屬不易，首先必須克服日常萬難，儘管同輩朋友多已熬過含辛茹苦的「孩奴歲月」，仍不乏晚婚人士老來得子，至今還得為家中小孩傷神地安排夏令活動。更不消說，這個人生階段，大家共同面臨的健康警訊、父母照護，以及永無止盡的工作難題，「三明治世代」註定要窮盡洪荒之力，始得從生活夾縫中鑽出一絲自由空隙。不過，這還不算最大障礙，後續要交集各方友人寶貴的餘暇時間，才堪稱不可能的任務，舉凡同學會、退輔會、K歌會，無一不脫數度改期的命運。大學同學的期約旅遊，更是箇中之冠，從某家兒子上高中，拖到現在大學快畢業都沒能成行。人屆中年，與三兩好友享受片刻歡聚，是種難得的奢侈。

有句紅極一時的廣告詞「再忙也要和你喝杯咖啡」，一語道出人與人之間情感相繫，依恃的並非「有空」，而是「有心」。當年廣告訴諸男女情愛，同理延伸至友情一樣可證，兩者都需要花點心思經營保存，老朋友尤其值得珍藏，少年相遇，青春作伴，同享生命，經過許多年，名聲、歷練、財富、地位也未曾改變這些人際網絡，沒有目的的交往，凝煉出最精純的情誼。

我一向深信：世間所有的相遇，都是久別重逢。少不經事的懵懂年華，能有機緣遇見彼此，就此羈絆一生，絕非偶然。深刻的因緣看不見、觸不著，卻牢不可破，我們何其有幸，在芸芸眾生中能相遇相知，期待一年一會，再度重逢於燦爛豔陽下，暑氣蒸騰，友情增溫。

熟齡紀事

其實我們沒有那麼忙，行事曆上挪一挪，「喝杯咖啡」的時間隨時都有。

日安洄瀾灣

仲夏清晨，天光微微，長夜尚未褪盡，白晝猶自遮面，我們一行各就定位，佇立洄瀾灣岸，遠眺東方海天交界，屏息等待黎明。

據當地人說，這是「今年以來最絢麗的一場日出」，多麼討人歡心的告知，只見大夥兒都忍不住嘴角上揚，聽得開懷暢意，這可是專屬早起鳥兒的無價福利！凌晨四點，奮力掙脫舒適的被窩，揉著惺忪雙眼迷濛啟程，若非強烈動機驅使，恐怕怎麼也抵抗不了週休二日頑強的慵懶慣性。所幸捨了好眠，換來眼前燦爛光華，值得！

也許因為久居台北，少有意願抬頭仰望灰濛濛的天空，不知怎地，覺得東台灣天邊的雲朵格外潔淨，特別詩意。曙光未露，雲彩交疊，漸層暈染各式各樣的紅，像極了寫意的印象畫作。心馳神往時，一輪紅日自海平面冉冉升起，日出破曉，天際風雲隨即變幻，前一刻還美得不可方物的雲影煙嵐迅速退散，日頭逐漸高掛，一枝獨秀。不過短短幾分鐘，大自然瞬息萬變，地上人們望天讚嘆，天頂日光照拂人間，一次日常起早，邂逅一場天地對話。

其實那一日，良辰美景雖好，卻是美麗的附屬品，之所以義無反顧起身奔向朝陽，為的不是日出，

「共度之人」才是關鍵驅力。記憶倒帶二十五年，同是這一群夥伴故舊，今朝追日，昔時追夢，年輕氣盛的初生之犢，為著一個成敗難料的目標，彼此灌注傻勁全力衝刺。那時的我們，心思、信念都單純、不作多想，只顧勇往直前，集體願力，竟也真的栽出了一朵新聞台之花，開創出有線電視百家爭鳴的時代，那是我們共有的青春足跡，珍貴印記。即使如今各奔東西，緣起不滅，一年一度盛暑歡聚，同慶生之喜悅，既為生命，也為情誼誕生而來。

彌足珍貴的兩天一夜畢竟匆匆，因此，今年我決意奮起同觀日出，多花幾個小時，多得一份珍藏。旭日東升前，我刻意退到岸邊隊伍之後，捕捉那一排熟悉的身影，方框裡收藏著我生命中最重要的貴人：長者前瞻敏銳，職涯一路啟蒙教導，提攜護持；友伴慧黠溫暖，人生旅途為我疑難解惑，困頓開導。許多人問過我同樣的問題：「為什麼多年不共事了，你們還能保持聯繫，年年相聚？」其實答案很簡單：因為感恩，因為珍惜，因為我們之間不只是同事。

歡樂時光容易過，又一回旅程終了，那日洄瀾晨曦不會再現，卻永存心中。

莫忘「共度之人」，緣起不滅來自感恩，來自珍惜，來自刻意的維繫。

媽媽的味道

回想童年，常覺得有那麼點兒對不起母親，辜負了她耗費大半輩子為我們所調製的「媽媽的味道」。

從小到大，我一直以為母親的廚藝水準只是一般，多油、重鹹、少變化，有味、無色、沒擺盤，在那個沒有營養午餐的求學時期，我的不鏽鋼便當盒裡，永遠是一成不變的「醬油色」——滷肉、滷蛋配乾煎魚或高麗菜。媽媽說：「葉菜類回蒸過後會變黃，滷味類才能耐久不變質。」某次母親出遠門，請託表姨媽為我準備午餐便當，打開盒蓋，瞬間的激動至今難忘，飯盒裡鋪了滿滿七道菜，囊括魚肉蛋蔬所有營養成分，香味撲鼻，配色繽紛，當時好生羨慕表哥表姐，每天都吃得這麼高檔豪華，哪天我家才能提升到這種色香味俱全的層次呢？

大學時，社團一群死黨很喜歡到我家吃飯，幾道普通的家常菜，同學們總吃得津津有味，盤底朝天，邊吃著還要配上口白讚嘆：「超好吃，妳太幸福了！」剛開始，覺得這些傢伙巧言令色，把台上團康活動的本事帶到我家來了，我媽明明只靠滷肉、麻油雞、炒米粉三招走天下，怎被吹捧得像米其林大廚似的？他們八成是吃膩了自家口味，覺得別人家的飯菜比較香吧！

及至成年離家，幾乎每天在外用餐，難得回家吃頓飯，同樣素樸簡單的菜餚，舌間上的味道就是不同以往，母親說她沒有改變烹調方式，只是我太久沒嚐了。有一天，意外從麻油雞當中找到美味升級的答案，同事買來號稱「台北市最好吃」的麻油雞，一入口大失所望，與我的「媽媽牌」完全沒得比。後來問了母親才知道，原來她那一鍋可是得先在廚房忍受高溫、油濺，用薑片、麻油翻炒爆香雞肉，再經過一道獨家程序才下鍋燉煮，背後作工之繁複辛苦，遠超過想像。我們只知吃進嘴裡，卻不懂幸福來處，久而不聞其香，忘了珍惜生命裡那股最無私的純厚滋味。

每個家庭都有其獨一無二的味蕾記憶，包覆著成長過程的關愛點滴。可惜現代生活忙碌，外食便捷，我們這輩人進廚房的頻率明顯少了，不知道多少人能精準傳承媽媽的味道？工作這些年，聚會應酬在外嚐遍美食佳餚，朋友都當我是餐廳指南，但其實，我現在更喜歡回娘家吃那盤獨步全台的炒米粉，媽媽的料理三寶「滷肉、麻油雞、炒米粉」，勝過世上所有山珍海味的昂貴總和。

熟齡紀事

「知恩」才能「知味」，山珍海味一樣久而不聞其香，愛的滋味莫忘幸福來處。

自由中年

開學了，臉書版面貼滿各級校園的「兒女上學記」。時光荏苒，如今牽著小手的大手由年輕小輩們接棒，承續宇宙繼起之生命的重責大任。同齡同輩之人，除了少數例外，則多已完成階段性任務而苦盡甘來，「開學……離我很遠了喔！」風涼旁觀以示輕鬆寫意。

卸下甜蜜重擔，近兩年同學老友聚得特別勤快，像是亟欲拾回失落了好久的自我。那段兜轉於尿布奶粉、家庭職場的陀螺歲月恍如昨日，睜開眼，生命舞台的主角猛然回歸自己身上，旁人的稱呼，又換回了原本的名字，經過許多年，終於，大家都不再只是「XX人的媽媽」了。

應該從很久前就開始了吧？為了方便識別，每個當了母親的人，名字都會被「XX媽媽」取代，這種稱謂，總讓我想起韓劇「請回答1988」那位保險女王媽媽，戲份不多卻個性鮮明的配角，是劇中社區裡唯一把自己的事業，看得比丈夫和孩子還重要的職業婦女，配合人物性格的台詞說來擲地有聲：「我不想被稱呼為誰的媽媽，我有自己的名字。」戲劇反映現實，如是感懷其來有自：在孩子的成長期，兒女變成主體，於是母親自己的名字遺落、自我後退，在親子關係中，愛與犧牲經常不可免的分立在等號兩端。

未曾經歷養兒育女的一切，我始終無法憑想像體會「以他人為核心的生命狀態」，也好奇若干年後，曾經賴以為天地的一切解離重構，心中又會是怎樣一幅風景？「就是先把自己放掉，時間到了再找回來。」回望來時路，老同學幽默而豁然，經由「父母」這個角色，發現人能自我鍛鍊的面向，遠比自己想像多得多，包括育兒技巧、教育觀念、愛與被愛，以及學習當一個「自由人」。

我發覺，中年新得的自由，很容易淪為複雜多慮的表面自由，看起來時間、夢想、朋友、名字都回來了，但「牽掛的心」，卻無法跟著孩子像風箏般高飛遠去，有時明顯感受到朋友人身在外，心還在家飄盪，或者對孩子的「不再需要自己」感到惶恐失落而自我懷疑。

「真正的自由，不是你的日子不再有一絲掛慮。而是當有些事箍緊了你，你仍能脫升出來。」許多人都讀過紀伯侖的詩篇，中年再回味，覺得特別契合生命此刻。或許，當孩子、事業、甚至自由本身都不再是目標，我們才得享有真正的自由中年。

熟齡紀事

我有自己的名字，也樂於當所愛的ＸＸ人的誰。

自由不是切斷所有，而是接受所有牽掛後依然感到自在。

閨蜜之必要

人生這一路遇過很多人，自覺最美好的碰撞，是結交了不少沒有血緣關係卻情同姐妹的摯友，現在流行用語稱之為「閨蜜」。

我的閨蜜史，最久長的可遠溯至小學時代，四十載同窗情誼，至今甚至已延續到家族下一代；中學六年讀的都是女校，青春成長期的人際圈裡，幾乎只有同性；後來上了大學、進入職場，與女性朋友依舊有緣，就這麼一路累積出質量兼具的閨蜜情，笑淚悲喜都不孤單。

手帕交的感情厚度，很大一部分建立在「共享心事」的基礎上，姐妹淘們經常自我感覺良好的認為，這是女性之所以比較長壽的主因之一。釋放不了的負面情緒最傷身，閨中有蜜友，遇事好商量，不憋屈不壓抑，減少被不良心情襲擊的機會，身體自然免除痛苦焦慮，有益健康。某次與熟識的中醫師聊起這主題，沒想到我們沾沾自喜的謬論，竟全然符合專業養生醫理，閨蜜效能果真不容小覷。

現代人朋友多，但個人覺得真能稱得上「閨蜜」的，至少必須具備幾種特質要件：陪伴夠久、理解夠深、包容夠廣、信任夠強。有些深沉的心底感受只能對「她們」說，即使不開口言傳，彼此也能心領神會，既欣賞你也會糾正你。真正的朋友，是跟你「這個人」而不是跟你的「身分」交往，最重要的是，彼此關懷分享生命的同時，懂得拿捏適度距離，關心但不干擾。

當然，保溫友情也需要花點時間和心思。幾年前，姐妹們特意籌劃了一場拋夫棄子東京行，日期「巧遇」主人新家落成而且先生出差，落英繽紛的時節，以櫻花滿開的盛容，為我們妝點三十年友誼，難得黏膩的一週，每天從溫熱咖啡開始，以小酌談心結束，感覺好像回到十幾歲少女時期，一起吃喝睡、住校準備聯考的日子，當年苦惱於升學壓力，互相打氣；現在煩憂生活瑣碎，彼此鼓勵，同學常說：「咱們現在聚在一起，好像還是當年那群小女孩。」大家似乎都心有戚戚，雖然出走半生，歸來仍是少年。

學生時期的友伴貴在時間綿長、心思純粹；成年後在工作職場偶遇一知己，更屬珍稀難得。許多重要時刻，閨蜜的提攜扶持與赤誠情義，可比所謂大男人氣概更甚得多，真實的姐姐妹妹世界很遼闊，並非如影視情節描述般，總圍繞著婚姻戀愛而已。好閨蜜互通有無，心靈交流包羅萬象，堪稱最具成長建設性的人際關係，人生在世，怎能沒有「她」呢！

熟齡紀事

好朋友是彼此的垃圾筒、拭淚紙、洗滌劑和電暖爐。

再親密的關係也要保有適度距離，分清楚對方的「開放區」和「隱私區」。

熟女廚房

很難想像，有朝一日「烹飪」會成為我與女性朋友之間的重要話題。

年紀越長，越愛進廚房，別說熟識之人不敢置信，連自己都鏡片碎滿地。對一個天生手腳笨拙之徒來說，這是作夢也不敢妄想的人生劇情，記得破天荒頭一遭，自告奮勇回娘家掌廚，家人還投以高度懷疑的眼光，等待那一餐的忐忑之情溢於言表，誰教我平日不事生產，飯來張口的形象太牢固。所幸，成果出爐扳回一城，香軟入味的紅燒牛肉麵獲得一致好評，看家人津津有味吃著，大廚內心也油然飽足。

開始專心致志精進廚藝，是這幾年的事，動機單純：覺得廚房冷清太久，少了點家的味道，於是決心來點油煙熱灶，完整一個家的生活滋味。

廚娘生涯知易行難，從傳統市場踏出第一步就是挑戰，大外行初入寶地眼花撩亂，觸目所及都想帶回家，新手上路，著實花了好幾筆冤枉錢買經驗，還好崎嶇之後便是坦途，有些小販教我的事，可是金錢難買的無價智慧。菜市場真是個奇妙的生活知識庫，處處是飲食達人，了解每種食物特性，熱情健談不吝傳授，採買一回長進一點。週末假日走趟菜市場，逐漸變成一種生活儀式，每週進入那個富涵生命力與人情味的空間，在鼎沸的叫賣聲中，愉悅的填滿菜籃車。

做菜逐漸成為一種癮頭，好友稱之「料裡魂」。幾位廚藝超群的女性朋友堪稱箇中翹楚，手巧心細，各擅勝場，有人從小在眷村拿鍋鏟長大，大江南北菜式都能一勺掌握；有的精於道地台灣味，還懂機巧變化，保留傳統又創意沛然；還有天賦異稟的擺盤達人，日常三餐也精雕細琢。每每獲得她們隨意提點兩招，對料理寶典的參悟便多了幾分，這也算是一種「站在巨人肩膀上」的概念吧！

熟女廚房互通有無，是種有趣的社交延展，熟識多年的人不約而同來到當下，年齡、心境相仿，為家人烹煮三餐的念想一致，話題一經觸發，菜色、技法源源不絕而來。有時聚在某人家中實地演練，偶爾意外插播也能變成主題，沒空說話就線上教學，隔空傳食譜，沒有嚴苛點評，只有分享交流，零負擔的輕鬆學習法，低挫折高效率，可比廚神節目的《地獄廚房》溫馨多了。

烹飪本就是以「幸福」為出發點的快樂之事，尤其有幸與食神同行，彷彿通往美食天堂的康莊大道就在前方不遠處！

熟齡紀事

市井如江湖，各路隱藏版的專家和寶典就在身邊，隨時等你拜師學藝。

走進棒球時光隧道

走一趟華山中華職棒三十週年特展，昔年四大名投英姿勃發的巨幅寫真，宛如噴射時光機，將我帶回青春少年時，奔赴熟悉的扇形球場，嗅聞最愛的紅土綠草香。

棒球是台灣人心目中的國球，也是我的人生幸運球。

職棒三年，抱著期待又忐忑的心情，第一次踏進台北市立棒球場記者室，開啟我的媒體從業生涯。在此之前，我的球場位置，一直在味全龍那側的內野看台，大學時呼朋引伴相約活動中心集合，帶著十八般武藝道具與滿腔熱血，前進球場忘情嘶喊，是我們這票龍迷最奢侈的課外休閒。

氣人的是，每逢龍象大戰，無論我們在觀眾席上怎麼賣力的鬼吼鬼叫，氣勢就是不敵對面加油區那位赤膊擊鼓的「江大帥」，尤其當龍隊打者球數累積到兩好時，對方就會傳來草根帶勁的三振咒語：「噠噠！死啦，死啦，謝謝啦！」刺耳得怒火攻心卻無力回擊。如今看到各球團辣翻天的正妹啦啦隊才恍然大悟，原來當年最大失策是穿錯衣服、用錯方法啊……。

身為標準龍迷畢業後，因緣際會卻進了兄弟象出版部門工作，不免經常受到同好挖苦「身在象營心在龍」，但意外人生的轉折，有時正是一切美好的起點。當時場上球星雲集，場邊觀眾滿席，那是中華職棒第一波高峰，也是兄弟象三連霸的全盛時期，史無前例的「金冠軍」將「黃潮」聲勢推上巔峰，初出茅廬便有幸躬逢其盛，何等幸福！至今我仍清晰記得，已故球評瘦菊子與我對賭「象隊贏不了龍虎獅三強聯手」，因而慘輸我不少（別誤會，我們是意氣之爭不是簽賭喔！）幾年前到他世新課堂演講，聊到往日趣事，兩人都記性奇佳笑彎了腰。在展場中再度看到兄弟象的金冠軍盃，不由得佇足良久，回憶翻騰，格外懷念這位將棒球幻化為文學，才情橫溢的野球人。

算起來，我在職棒工作的日子並不長，只約四年左右，很榮幸生逢其時，參與了職棒初始的黃金年代，棒球讓年輕的我，得以做一份既感興趣又能糊口的工作，也因為棒球考進電視台，一路從職棒場播到新聞台。三十載悠長歲月過去，萬人迷王光輝都已經交棒給兒子王威晨，唯老同事們棒球魂仍然不滅，數十年如一日服務棒球，看展時，耳邊不時傳來熟悉的播報聲，霎時一陣激動，眼睛微微出了點汗。

熟齡紀事

人生不乏美麗的意外，沿著灰沙漫天的碎石路走，很難說不會遇上一座藏金閣。

我的金庸歲月

從業生涯中，專訪金庸是一次極其珍貴且獨特的美好回憶。

時間要回到十五年前，金庸改寫經典長篇《天龍八部》，應遠流出版社之邀來台宣傳新版，當我確知榮獲大師獨家專訪的剎那，激動狂喜難以自己，畢竟從十五歲第一本《射鵰英雄傳》開始，二十餘年「練功」不輟，兩套金庸全集外加陸續湊齊的金學研究叢書，盤據我多少青春歲月與有限的零用錢，過往的無心插柳，竟巧妙地相應未來，生命因緣如此微妙！

記得那天攝影棚格外熱鬧，除了工作人員，還潛入諸多閒雜人等，自然個個都是為親睹大師手采而來。錄影完畢，大批同事列隊等候簽名合照，當年高齡八十一的金庸仍然硬朗，神采奕奕，對待每個簽名皆全神貫注，一筆一畫蒼勁有力，落筆前，他習慣端詳一下簽的是哪部作品，對於我同時呈上遠景、遠流兩版的《天龍八部》，數十次翻閱留下的書頁摺痕，老先生頗為開懷地稱許：「妳真的看了很多遍喔！」

的確，如果沒有金庸武俠，我的少年閱讀經驗可能完全改寫，同儕中許多同好，沉迷江湖廢寢忘食，在教科書裡夾著武俠小說度過課堂歲月。當時武林兩大門派金庸、古龍，我們各擁其主，嘴上論劍，朋友們都知道我愛讀歷史，想當然爾隸屬金派，其實我也喜歡古龍的天馬行空，瀟灑不羈，只不過那個年紀，對古龍世界的奇情冶豔總覺有點害羞；金庸故事裡的女兒意英雄癡，比較貼近彼時的純真情懷，《射鵰》裡的黃蓉，以美食誘惑洪七公，傳授郭靖降龍十八掌；《神雕》的楊過思念小龍女而練就黯然銷魂掌，兒女情長伴隨豪傑出世，讀來更添心中浪漫。

「問世間，情為何物……」金庸的江湖多情，不乏情癡，相對於癡到怨憎苦悲的阿紫和李莫愁，我覺得作者特別厚待段譽，苦戀癡纏末了，還是設計個枯井爛泥，讓他終獲美人芳心。但為何時隔多年，又親手改變了這個美好的結局？那日金庸的回答簡潔卻深遠：「因為我現在對愛情的看法進步了啊！」淵博如金庸，也不時回望思路軌跡，精益求精，而生「段譽愛的是玉像還是語嫣」之問。不只《天龍八部》，言談間，晚年金庸看待自己其他作品的思想與價值設定，都有新的「見解」，人生的武林亦然，不論眼前年歲，都當持續探尋生命真義，堆疊厚度。一如金庸大師的求學精神（當時金庸八十之齡還在劍橋大學攻讀博士）永不停歇，一代文豪俠之大者，生滅雖有時，經典在人間。

熟齡紀事

文豪寫活了故事中的人生，你我至少要寫好自己人生中的故事。

刀劍如夢

幾張珍藏舊照，勾起友人同好們的金庸回憶，這幾天隔空切磋較量記憶，真是久違的熱鬧，就連近期選戰話題也搭上金庸列車，一時間，群俠臉譜躍然紙上，重現江湖，眾聲喧嘩，正如實反映了金庸武俠小說在華人世界流傳之廣，影響之深。

每個讀者心中，都有屬於自己的金庸印象，對於內容價值、角色設定、武學想像各有偏好，金迷間歷久不衰的交戰話題，莫過於對書中主角的好惡評價，以及把自我投射為其中某些人物，儘管看法紛陳，多半仍依循著真實世間的人性價值，例如：《笑傲江湖》令狐冲到哪都討喜，灑脫不羈、耿直豪邁，心存忠義卻不受禮法所拘，如此特質，放諸現實世界也是極品人格，魅力難擋，連金庸自己都說最愛這號人物，無怪乎政治人物，常要自比令狐冲以彰顯自我了。

前陣子臉書上出現了有趣的測驗——「配對你的性格像金庸小說裡的誰？」不少臉友好奇一試，結果十分有趣，人人都期待自己與郭靖、黃蓉、喬峰、阿朱等「正派」形象連結，受試者覺得準確，多是由於答案夠「滿意」。畢竟人同此心，誰會樂於跟郭芙、阿紫或星宿老怪配對成功呢！

金庸筆下人物鮮活靈動，深植人心，即使沒看過小說的人也能聊上幾句，更無礙進入虛擬遊戲世界。

我一直認為，金庸能普及於大眾，風靡華人社會超過半世紀，多少要歸功一再改編的影視作品，透過大小銀幕，讓更多人無障礙地穿越武俠幻境。不過，身為資深金迷一員，總私心期待年輕一輩，還是能經由書本閱讀認識金庸，武俠小說看似通俗，但金庸之筆流暢優美，敘事巧妙，字裡行間蘊含豐沛想像力，雅俗共賞，文學價值絕對在殿堂之上。品評原著馳騁江湖，練的是一門讀寫功夫。

上學期課堂，我請同學們以「最喜歡的書」為題，練習口語表達技巧。一位男同學分享的正是金庸全集，那個平常上課安靜靦腆的男孩，說起金庸武俠小說，突然變得明亮飛揚，眼神發光，尤其他的心得結語令我印象深刻，記得他略帶悵然地說：「二十歲就看完了這麼有趣的一套小說，不知道以後，還有什麼能讓我感到興趣？」語畢隨即恢復羞澀，與我相視一笑。從他眼裡，我彷彿看到了年輕的自己，讀著《射鵰三部曲》神往大漠風光、終南美景，遙想叫化雞和鴛鴦五珍燴的絕妙滋味……。

熟齡紀事

劇中的武林或現實的叢林，同樣忙於追逐對手，追隨俠義之心。

食物的記憶（上）

朋友向來懂吃，讀了上週〈小鎮慢遊〉書寫我的返鄉回憶後，玩笑問道：「怎不多寫點記憶中的好滋味？」其實，他可一語道中了我的心事，若非礙於篇幅有限，又時刻警惕自己莫歪樓失焦，依我主觀心緒亂竄揮灑，懷鄉幽情只怕真會演變成一篇〈吃遍小鎮〉的美食大全。

好友回：「那又何妨？吃本來就是每個人重要的記憶來源！」想來真有道理，回顧美好點滴，確實，人生有太多的愉快經驗都與食物有關。別的不說，光是每個人的家傳食譜與餐桌故事，就足以各自著書成冊了。

飲食早不再是填飽肚子、促進成長發育這種層次的事了，食物是誘人的幌子，凝聚家人情感、形成文化品味、豐富社交生活形成更深層的美味。「吃的歷史」大抵就是我們活著的歷史，除卻經濟匱乏或某些特殊經歷造成的不安之外，有關食物的記憶，通常都是愉悅而滿足的體驗，關乎口腹更緊貼心情，例如：我的肉圓與蘿蔔泥。

母親娘家的北斗肉圓馳名全台，小小一顆三角形狀，Q彈外皮包裹飽滿的竹筍與瘦肉，造型、風味都獨具一格，連醬汁也與眾不同，有別於其它地方的甜辣赭紅，北斗肉圓的淋醬有濃重的蔭鼓與芝麻香，色澤偏棕，賣相樸實，卻有教人一吃上癮的神奇吸引力，從小就難以抗拒，外公外婆家基本上和肉圓是等義詞，往往人還沒進門，香味已撲鼻而來。外公心細，總能掐準時間，讓肉圓「剛好」提早一步抵達，維持熱騰騰起鍋的口感又不燙嘴。印象中，他很少和我們一起大快朵頤，只掛著慈藹的笑容，坐在一旁欣賞我們津津有味的吃相，滿足的神情彷彿看著就飽了。儘管離開我們超過三十年，外公拎著肉圓的身影依舊立體清晰，從未淡出我的記憶。

小時候曾以為，外公買來的北斗肉圓，是世界上最可口的食物；而祖父家的蘿蔔泥，則是最特別的佐餐聖品。應該是日治時期養成的飲食習慣吧，家裡的餐桌上，經常擺有一盤磨得細密多汁的蘿蔔泥，我本不愛白蘿蔔的氣味，但是當那圓滾塊莖磨化成泥，質地、味道隨即產生奇妙變化，倒點醬油調和後搭配主菜，任何油炸物頓時都變得清爽不膩，美味倍增。當醫生的祖父重視保健養生，飲食清簡，「好料」都留給子孫享用，自己就獨鍾那味淡雅的蘿蔔泥。所以，每回我在日本料理店品嘗到熟悉的滋味，便不覺遙想從前一大家子圍桌用餐的歡聚情景，衷心感謝這小小一碟蘿蔔泥帶給我的溫暖記憶。

熟齡紀事

同桌共食的笑聲是最香的調味，菜單旁，也不妨記下你的米其林三星故事。

食物的記憶（下）

對多數人來說，食物的記憶始於原生家庭，是再自然不過的事。家家有本獨門食譜，紀錄著各自珍藏的味道與故事，即使是多數人家都有的通俗菜色，從不同廚房飄散出的香味，就是各有千秋，哪怕只是食材用料與下鍋程序存在微小的差異，都能極大化舌尖上敏感的辨識能力。我的經驗裡，炒米粉即是箇中代表。

「媽媽的炒米粉是全台灣最好吃的。」這樣的話，不知聽過多少人說了，我也是其中一員，總愛向人推銷自家炒米粉料好豐富，鹹香多汁，出了家門，我們可吃不慣別種口味。不過，這般驕傲其實是後天養成的，坦白講，小時候並不怎麼喜歡家裡這道「大菜」。

說它「大」，因為尋常日子吃不到，這種備料繁瑣的菜餚，通常只在逢年過節與特殊日子才會端上桌，自家炒米粉雖然地位崇隆，廣受讚譽，但總覺得這東西吃進嘴裡永遠嚼不爛，難以吞嚥又塞牙縫，完全不解為何大日子一到，就得慎重地將主食從米飯換成米粉？後來發現一件有趣的事，原來關於炒米粉的愛恨情仇，竟有許多同道中人：在孩提時代無法與之親近，隨著年歲增長卻越來越愛它，如今甚至尊貴的「供」在心裡，視為最具紀念價值的傳家美味。一道普通的家常菜，可以貫穿不同家庭成員間的味蕾記憶，台菜之光非它莫屬！

那日，好友突然提起十分想念她剛離世不久的母親，尤其遺憾「沒能完整傳承阿母的炒米粉，自己怎麼做都像是少了一味……」深沉的惆悵跨越空間，隔著手機屏幕傳送而來，教人鼻頭也跟著酸了。愛談論吃喝，並非貪嘴這般膚淺之事，味道是記憶，更是思念，我們本能地牢記著某些重要食物，很大一部分原因是為了使緣分綿延不斷，以待來日追尋再續吧！

在我家，此番心情的具體展現是祖母的肉粽。

除了用粽葉判別，我一向不太懂如何區分所謂的南部粽、北部粽，不過粽子入口夠不夠香，倒是全家族人共同的敏銳強項。祖母講究爆香功夫，養出一張張刁嘴，肉粽就是要「那個味兒」，無奈那終極美味隨著祖母而逝，再也遍尋不著。如果無意間嚐到「類似阿嬤的味道」已是不得了的滿足，無法百分百複製的芳香，猶如不可能重現的過往，於是，我們只能退而求其次，央求店家包裹出雷同的氣味，偶爾再仿製一鍋懷念的「螺肉蒜」，向我們的美好年代致敬。

熟齡紀事

美食家評論不了的，是料理中的鄉愁，是味蕾上的歸屬感。

清理舊書大作戰

歲末年終照例得進行點什麼儀式，好凸顯這幾日的與眾不同，今年除舊布新的對象，鎖定早已大爆滿的書櫃。

先別誤會以上所述代表主人學富五車，書香滿屋，很遺憾，事實上這與學養、風雅完全扯不上關係，藏書空間負載過量，純粹只是個人生活習慣使然。我沒有戀物癖，也不特別懷舊，為了維持居家環境整齊清幽，對於身外之物向來能捨，不合用時當斷則斷，從不手軟；唯獨書本是個例外，幾次下定決心裝箱送別，最終還是抽回大半物歸原位，只扔掉少許過時的工具書。年復一年只進不出，有限的書房空間自然越來越窄，當引以為豪的高效收納法都不敵物件飽和量時，我想，真的必須做個了斷了。

捨不得扔書的理由說到底，還在內心對它的價值認定有關，不同於其他外用物件，損壞、不堪用了汰舊換新就好，書本對於我或者許多人來說，都不只是一般之「物」而已，裡面承載著一個人的成長印記、思想軌跡。每一本讀過的書，都是人生曾經的追尋與嚮往，當時或刻意為之，或不經意受到啟發，我們藉由閱讀，看到生活以外的世界，開發本能以外的智識，一步步從懵懂少年蛻變至今，架上舊書宛如舊時光的具體表徵，光放在那裡，就足以記憶每一次的茅塞頓開、醍醐灌頂。昨日之我，被詳實夾存在張張書頁之中，彷彿不曾遠去。

好友說：「不丟東西的人有兩種，念舊或簡樸。」我是務實的享樂主義者，自認兩種都不是，對書籍的眷戀情懷與其說念舊，不如說是惦念自己，從小看童話故事、注音版的文學名著；到青春期啃食愛情、武俠和中國章回小說；長大成人為工作需要購買實用書，人生陷入困頓時倚賴身心靈典籍……，雜食多年後，如今重回文學懷抱，每段生命歷程都有珍貴食糧，割捨難，連帶使得清倉工作牛步化，進度極為遲緩。

儘管龜速，這回前期策略仍有成效，首先是放生工具書外加雞湯類，行至中年，應當可以摒除各種形式的勵志文本了。接下來是那些讀過之後，心中沒有太多對應的小說、散文，以及出版多時的商管類叢書，然後……然後還在猶豫中，雋永的文學作品依然不動放在架上，有些甚至多了新版在側，迎新入庫與舊典籍今昔對比，儼然成為這個階段的喜好。看來，我還要天人交戰好幾回呢！

熟齡紀事

幾經思考仍難以割捨的甜蜜負荷，就繼續背著吧。

爲家人做晚餐

好友說：「為家人做晚餐，是我一天中最重要的事情。」此話立即引來垂涎長串，一干人等爭相攀親帶故想蹭飯吃。莫笑我們餓鬼上身如九指神丐洪七公，凡是嘗過這位現代黃蓉手藝的人，無不回味再三啊！

第一次到她家作客，是二十幾年前的往事了，當時的我，連握菜刀拿鍋鏟都有困難，看她輕鬆裕如地擺出一桌宴客佳餚，當真瞠目結舌。想不到創作出一篇篇好文的手，在廚房裡一樣奇幻靈巧，當下對這位同業好友的敬意又加了無限多分。多年後重逢，近期再登門叨擾了一次，這回是精巧迷你的三人小聚餐，不過餐桌上的精緻度更勝以往，口味、擺盤、配菜，完全高級餐館水平，這時，對她仰之彌高的崇拜之情，已非任何言語所能形容了。

這些年，我們各自經歷了許多事，越發珍惜與家人相處的點滴。如今品嘗她更上層樓的菜餚，舌尖上明顯添了一味「愛」的芬芳，不甚敏感的我，尚且能品出這股用心的細膩滋味，他們家人想必倍覺幸福。每每看她貼出盤底朝天的照片，既羨慕又感動，一頓日常晚餐，蘊含真切溫情而更顯豐盛，原來「用愛做菜」真有其道理，當年那位美食家並非存心唬弄。

時間要回到許多年前，節目上訪問一位料理專家，他著作等身，出了不少食譜與美食類書籍，身為毫無下廚經驗的提問人，我只能事前蒐集、研讀相關資料補足匱乏，正當自以為準備充分，拿著寫滿紙張的預擬題綱上場時，結果卻完全不是那麼回事，面對所有關於烹飪技巧的題目，無論怎麼問，直接或迂迴，來賓的答案永遠不外乎：「技巧不重要，只要有心、用心，自然就會了。」

即使時隔多年，那日的場景、問答仍不時湧現，整體訪談氣氛儘管融洽，生活化主題訪問難度也不高，偏就是問不出個所以然來，這種結局實在出乎意料。往後幾年間，只要提到那次訪問，總是挫折且憤慨：「我就是為了跟我一樣的廣大生手提問嘛，幹嘛一直跳針，最好是『用心』就能燒出一桌好菜啦！」如今回想，不禁失笑，年輕的自己，真是無心且無感啊！

當時自然想像不到為家人做晚餐，日後會成為生活的一部分。雖然至今刀功依舊拙劣，調味也經常失準，所幸家人不吝表現津津有味以茲鼓勵，彼此心滿意足，這下子，只得更「用心」求進步了！

熟齡紀事

有方法用技巧，未必能把事情做好；有心用心，才能做到最好。

孝的味道

〈為家人做晚餐〉文中主角來訊，滿懷感動與我分享更多餐桌故事，長居台北的她，除了每天為同住的姐妹料理晚餐，還週週不辭辛勞回新竹老家為全家人作羹湯。這些年，身邊缺了老伴的父親，每個週末與兒孫們團圓，品嚐女兒手做好味道，成為那個家最隆重溫馨的假日儀式。

故事不止於此，為滿足家人嘗鮮的期待，熱愛烹飪的她每週研發新菜色，總有驚喜端上桌，連那些接受度兩極化的食材，如茄子、皮蛋等，在匠心獨具的創意與巧手下，也變得平易近人許多，他們家極少剩菜，盤底朝天飯掃光才是常態。有幾回，在外地讀大學的外甥帶同學回家吃飯，一桌的精美佳餚，讓這幫大學生們無比讚嘆，連番問道：「你們家每天都像吃餐廳嗎？」爾後在同儕間賣力宣傳，「阿姨大廚」從此名震校園，好不威風！

其實，這些情節都是意外發展的支線，好友初衷本意單純，只是想為摯愛的家人暖胃暖心，由此牽繫起平日各自忙碌的手足，週末假期共聚一堂陪爸爸吃飯，算是始料未及的美麗結局。

週末為爸爸下廚的另一位朋友，這兩天悲傷送走了高齡老父，他才情橫溢，職場奔波忙碌，熟朋友都知道，長期以來，再忙，他都會空下週休假期，回家做飯給爸爸吃，儘管這固定的習慣多少囿限了社交生活，於他似乎沒有比盡人子孝道更重要的週休活動了。他說父親只愛吃他煮的菜，還一度令我好奇，此人廚藝究竟有多了得？後來才明白，朋友的確好手藝，但一起吃一頓飯的重點，不在盤裡，在心裡。

家族裡的平輩親友裡，也有這麼一號人物，小時候怎麼都料想不到，學業成績向來名列前茅，一路挺進第一志願的她，婚後竟然安居家庭，搖身變成辦桌高手，歷經夫家傳統大家族的洗禮，將她打磨得幹練又靈巧，有段時間，她隨侍母親身旁，日日親手變換菜色，只求胃口小又挑食的媽媽能充足營養些。今年忌日，我們同去祭拜，她照例準備了母親生前最愛的滋味，擺滿豐盛一桌表達孝思，手持清香，心中默想，生前對我們疼愛有加的長輩當真福澤深厚，孩子們個個卓越，事母至孝貼心，有女如此，此生已足。

那日，我也如法炮製，回娘家現學現賣了一手炒烏龍麵，母親入口時那句：「好好吃喔！」一直縈繞耳際，對於不夠乖順的女兒，她用包容嘗到了孝的味道。

熟齡紀事

孝順，就是照顧好自己，然後用安好的自己照顧好父母。

最偉大的無給職

分明是慶祝母親節，腦中卻不時響起「哥哥爸爸真偉大……」這首童年洗腦神曲，大時代下的愛國情操與父權影響力著實深遠，不經意就從意識深層冒出來，隨時提醒我們父兄的卓著貢獻與優越地位。

在長成一位成年女性，尤其是走入婚姻之後，才從心裡根本體會到「偉大」是無從比較的，撐起一個家，每個人施力點不同，重要性卻無二致。小時候自然而然地仰望家父，以為賺錢養家的男性最了不起，殊不知，錢不會從天上掉下來，家裡的飯菜也不會熱騰騰地主動上桌，那個我們習以為常，一塵不染的家更非全自動化的產物。對於長期未曾鄭重看待主婦媽媽的勞苦，後來的我經常感到無比歉疚。

自有記憶以來，母親就以「家庭主婦」的樣貌存在著，是一種非常令人誤會而豔羨的身分。從幼小的眼中看出去，每天在家的媽媽不用出外打拼，沒有考試升學壓力，「只要」叫喚我們起床上學、煮飯洗衣、清掃居家環境即可，偶爾情緒不佳還能罵罵小孩，甚為威風。作文「我的志願」從沒敢寫出來的真心話，其實是「長大後，我也想成為一個神氣又輕鬆的家庭主婦。」所幸，上天沒有理會這個無知的請求，循循用另一種方式教我明白：世上沒有任何一個絕對神氣輕鬆的角色，特別是母親那個年代的家庭主婦。

強調「那個年代」，並非意指現在主婦不夠辛苦勞碌，只是更加心疼上一代的女性長輩，身處過去男尊女卑的社會情境，無薪、無聲、無我，被視為理所當然地努力為別人活著，她們吞下外在的不公平，內化為心理的一部分，彷彿天生該為服務其他生命而來。直到現在，我們許多人的媽媽，還是習慣性地委屈自己，縮衣節食吃剩菜，將好的都留給家人，做為一個利他的存在體，她們的無私與堅韌，終究是我們這輩人難以企及的境界。

今年母親節，難得的晴朗舒適，各地人潮印證了商業行銷的成功，在學著別人湊過大餐、禮物、康乃馨的熱鬧之後，如今中年的我面對老邁的母親，在意的已不再是一年只此一次的節日了，沒有任何禮物，貴重到足以向這個偉大的無給職致敬，一輩子沒要過什麼的母親，晚年所需，也惟有日常關心陪伴而已。

熟齡紀事

你的輕鬆，是因為有人替你吃苦，看看自己一直站在誰的肩膀上？

金曲團與聖誕趴

每當接收到教人如何身心愉悅、健康老去的積極建議，心中都不免一陣得意：「談天說地、開懷大笑、引吭高歌……這有何難？我從年輕一直實踐到現在啊！」而且，從少年到白頭，陪著一起恣意笑鬧做這等無聊事的，還都是同一批人。

我們經常彼此調侃，這輩子相識的時間比相遇前還長，嘴上說：「到底前世造了什麼孽？這一生要與你這般緊緊相連。」其實心口不一，樂得很，要不是這些人待得夠久，為生命彩繪繽紛，人世間可能荒涼貧乏得多。所以，為了以行動表達友情可貴，再忙也要和你開個趴、唱首歌。

雖說狂歡的熱情，通常與年齡成反比，正常情況下，越老越不愛熱鬧，不過每年一回的短暫小聚，卻十足是長遠友誼的培養皿，平素各自困於現實忙亂，僅能心存關懷偶爾問候，仿君子之交淡如水；但時間點一到，莊嚴的儀式感便在心中油然升起，群組裡開始認真討論日期地點，暖身活動起跑，心情即刻飛揚，奔赴心所嚮往的未來那一天，也回到相識之初，過去的青春少年時。

記不清楚這兩個活動的成團緣起與確切時間了，總之，「金曲團」是剛入職場幾位老同事的組合；「聖誕趴」則是大學社團裡一群永遠長不大的老小孩。顧名思義，金曲團以歡唱為樂，群體名稱還隱藏著主題密碼——非「金曲」不唱。KTV包廂裡老歌繚繞，我們自顧自沉浸懷舊氛圍，甚至調皮享受年輕服務生似笑非笑的詫異表情，在這裡，世代差異不傷感，反而頗具自我存在的證明價值呢！

與金曲團幼稚程度不相上下的聖誕趴，其實與宗教信仰無關，假聖誕節前後舉行，實在是湊熱鬧成分居多，除了一貫的吃喝模式，活動最高潮往往落在「交換禮物」橋段，中年人玩這種遊戲特別帶勁，每年絞盡腦汁推陳出新，爭相以怪奇取勝，創造活動亮點，學生時代的團康能力，若干年後進化再生，自娛娛人。別笑我們不長進，攜家帶眷前來的同學，可都是闔家樂在其中，兒女們參與遊戲無代溝零違和，會後分享照片，看到下一代開懷暢笑的留影，常常感動莫名，父母輩的情誼，他們懂。

情感需求與滿足，當然是老友相聚最珍貴的價值。科學研究進一步證明了「談天說笑」附屬的健康意義，中西醫理論一致強調：「說話」是活化大腦皮質區的最佳策略。感謝專家鼓勵，讓我們繼續說唱下去吧！

熟齡紀事

維持「腦力青春」的最佳活動：談天說地、開懷大笑、引吭高歌。

刪不掉的聯絡人

這個習慣，同許多人一樣——定期清理手機裡的過期資料，以求極大化有限記憶體的容量效益。偏偏，有些早已用不上的資訊，只能怔怔地盯著，怎麼也刪不了。

近則數月，遠則已達數年之久，那些個聯絡人前後接續到了另一個平行時空，再不可能通話、回覆。然而，在我們仍以為真實的這個世界，他們使用過的號碼、分享過的文字圖像、吐露的歡喜憂愁、發表的觀點辯證，彷彿都是互動的證據，證明我們曾經有過一段交會。將那些生命吐息原封不動留存著，像是某種精神紀念儀式，從手機記憶體神妙機巧地過渡到腦部雲端，同步儲存。

後來才知道，原來，許多人也同我一樣，把記憶感懷埋進３C產品中，用這種淺薄偷懶的現代手法，支撐內心所連結的各個生命點滴，我們不約而同，生怕一旦刪除掉那些附隨的有形記述，久而久之，主人翁的身影，也將漸漸淡出生活視線，從而真正徹底從心裡消逝。

例如他，因為暱稱筆劃少，在連絡人資訊排序名列前茅，即使離開好些年了，仍時不時映入眼簾。過去我們談不上深厚私交，多是工作往來，但也相處融洽，他一向扮演最佳助攻貢獻團隊，是個非常稱職的幕後英雄，大頭貼裡的他，一逕笑得陽光燦爛自信飽滿，毋須多言，便印刻著主人引以為豪的生平功績，不時回望，為著想記住他更久一點！

至於那個如今還在運作，組成浩繁卻泰半安靜的群組，在少了兩位特別熱心問候的成員後，已經許久無人提醒：「免費貼圖來了，快下載囉！」剛開始是她，從不遺漏任何一次貼圖活動，大力分享，我們也樂於便宜享用友情的服務，頂多回個感謝圖了事。後來，連她也靜默了，悄悄住進醫院，多數人都來不及與她說再見，唯一念想只剩過去的合影，以及停格在多月以前的貼文。

年前，這群裡另一位長官老友也意外離開了。從實體到線上，長久以來，他被公認為最照顧人的老大哥，逢年過節周到問候，他總跑第一；上任新工作，少不了他的祝賀花籃；當年剛入行的菜鳥生涯，多虧他耐心教導，陪著一路成長，幾年前，聽聞他蜂窩性組織炎險些喪命，那通講了很久的慰問通聯紀錄還留在手機裡，時間點正巧也在農曆年前後。因緣如花謝落，這回，沒機會表達關懷了，僅存跨年「平安喜樂」最後的祝福，不捨刪去。

熟齡紀事

實存憑據，提醒我們曾經有過豐富的生命。

消失的年味

百貨賣場、年貨大街循例洗腦，放送著應景的賀歲音樂，但「年味」終究還是淡了。身邊眾親友不無感慨：「現在越來越沒有過年的氣氛了。」認真想，在我們的平凡期待中，一年不如一年的，又豈止農曆新年而已。平輩自我解嘲：「懷念從前，表示我們正在老去。」晚輩說：「老人家才愛比較，覺得什麼都是從前好。」都對，懷舊是中年最普遍的特徵，舊時光裡的美麗回憶，是生命去蕪存菁後的精粹存底，緬懷，符合人性！

就拿春節這樁年度大事來說好了，目前所能想起一切關於過新年的歡喜快活，幾乎都是童年往事，「年味」就是「人味」，大家族光人數優勢，就足以完美烘托年節氣息了，大人、小孩各據數桌，陣仗排開，喧嘩熱鬧自是不在話下，只是當時年紀小，全力以赴好吃貪玩，不懂多一分細膩留心，否則如今的記憶典藏庫，應當更豐富繽紛得多。

那年頭的春節特點之一，是大台北肅靜宛如空城，外移人口大規模回鄉，台北城繁華落盡般清冷寂寥，人車稀少。寒假結束返校，最得意莫過向那些「台北同學」炫耀家鄉過節的歡鬧喜慶，諸如，家族有多少人一起圍爐，鞭炮從街頭放到巷尾……之類的，雙腳分跨城鄉，假裝見多識廣，從原生來處借一點榮光，彷彿成長期某種堅實的心理支撐。

至於其中隱惡揚善沒說的是：南下途中在省道迷路，車子油料耗盡杵在大馬路上進退不得，當年可沒有手機這玩意兒，費盡周折才找到公共電話向家裡求救，差人送來一桶油解危。那年除夕，幾十口人望眼欲穿，等著我們這一家到達才能團圓開飯，至今仍是笑談。

後來高速公路開通，我們總算撕掉「遲到之家」這個標籤，但離別之際，又發展成另一條故事線，我們這代堂兄弟姊妹感情格外深厚，來易來，去難去，每年初四都要上演一齣兒童版十八相送，不捨分離哭哭啼啼，大人們一方面無可奈何哭笑不得，另一方面又對我們的「凝聚力」深感欣慰。及至今日，散居全球各處的手足，仍不時在空中心手相連，由衷感謝無遠弗屆的免費即時通訊軟體。

可惜科技還沒發達到提供遠距觸感，視訊缺了溫度，人情便少了一味，縱使關懷猶在，各過各的年，總是不夠暖和。人間最美好的相遇，都發生在實體世界，今春有緣共聚一堂的人們，可別自顧自低頭滑手機傳訊問候遠方，不如抬頭關懷身旁彼此吧，眼前，才是最值得珍惜的風景。

熟齡紀事

視訊與字碼贏了傳輸速度，卻缺少足以感動人心的溫度。

第五章

氣壯弩強

可以被打敗，但絕不倒下

幸福不是某種狀態，而是一種心態

終於明白一切，因而無所畏懼，也因此活得比青春更青春

半個君子

異鄉打拼的好友捎來訊息，迴響我日前撰寫的美食文，自嘲孤身在外一人食的日常「如半個君子，不遠庖廚，但沒技術。」會心之餘，覺得朋友過謙了，看她早前傳來的自製輕食全紀錄，靈巧俐落，營養滿點。論技術，可高出我這「烹飪幼幼班」的檔次許多呢！

熟悉孟子的朋友，可能覺得我們的對話扭曲了「君子遠庖廚」的原意，分明是君子仁心不忍殺生，演進至今，卻變成男人不進廚房的新解。其實，古文或新意多少都反映出我們與廚房的距離，一來，現代生活少進廚房，男女皆然；再者，新手學藝之初，處理生鮮葷食還真需要勇氣，得練練膽量才能與之親近。

君子與廚房的關係，放置在個人經驗中還有第三層意義——意料之外的心性修養。原來做個菜也能自我覺察，修正、調整自己原始性格的種種缺失。省思內在，享受獨處，好像離君子境界更近了幾步。

廚房裡，我第一件學會的修身之事，是耐住急躁的天性。

家裡那只不鏽鋼平底鍋向來與我不合，即使切記要訣「熱鍋冷油」，仍屢戰屢敗，東沾西黏慘不忍睹。某天鐵了心跟它耗上，強壓著衝動的雙手，硬是忍著延長熱鍋的時間才下食材，這回，還真反敗為勝了！從此得心應手不在話下，不用「煎魚幫手」輔助，也能保持魚身完整無瑕，口感外酥內軟。

「煎魚」號稱是廚藝及格的指標，某個冬日，家裡舉辦一場魚頭火鍋聚餐，更是我廚藝躍進的關鍵。

那天由食神級友人負責掌廚，只見大廚手腳明快地灑鹽、上粉、入鍋，碩大的鰱魚頭被她玩弄於股掌之間，熟練高超得令人嘆服。不過，好幾分鐘過去，怎麼鍋裡的魚頭就是不動？「還不翻面嗎？」我忍不住在旁嘟噥，隨即換來一頓訓斥：「煎魚最重要的就是不要動，寧慢勿快，急不得啦！」聽君一席話，勝煮十年飯，這「不要動」三字訣，已然成為小徒弟我的葵花寶典，連簡單的高麗菜、絲瓜也受惠。不過是稍做停留、上蓋煨煮一會兒，美味竟連升三級，自己都稱奇。

這招「等」的功夫可謂萬用百搭，包括市場小販傳授的涼筍三步驟，竹筍洗淨後不要急著脫殼，整支放入電鍋蒸熟再放涼冷藏，食用前才剝殼切塊，果然爽脆鮮甜，前所未有。還有，燉鍋熄火後，靜待幾分鐘再掀蓋，軟嫩加倍效果出奇。

沒學技法，只養耐性，這堂廚房修煉課，竟然意外調出了靜定中的美味。

廚師夢

先聲明，這不是業配文，實在是由於小館子的好味道太迷人，齒頰留香之餘，不小心喚起了塵封多年的廚師夢。

說起來，還得感謝我們酒肉朋友團那位大團長，如果每個小群體裡都有個專責帶路的老饕，那麼他在本團擔任團長不但當之無愧，並且絕對夠格參加老饕之王的電視冠軍大賽，在食客的殿堂與各路刁嘴好漢們一較高下。

那天餐敘前，心裡其實沒抱任何特殊期望，畢竟團長的層次本屬高標，這些年，我們也被訓練得品味略有提升，以目前建立的高門檻，只要繼續水準持平，就能讓我等凡夫俗子心滿意足了，除了遙想黃蓉的「二十四橋明月夜」和洪七公念茲在茲的「鴛鴦五珍燴」，天下還有什麼了不得的珍饈佳餚呢？

或許正因為沒有預期，反而造成了驚喜加倍的效果！品嚐第一口豬肝冷盤時，隨即明白先前的想法真是淺薄，對主廚太過失敬了，自己也算是個及格廚娘，偏就想不透那份特製豬肝，到底是如何滷得這般清爽有味，完全不留一點內臟腥臊，口感還能保持得軟硬適中恰到好處。

接下來幾道看似尋常卻入口驚豔的主菜，更顯巷弄廚房裡的高手身段，像是當日榮登眾人公認的冠軍「牛腱燉白蘿蔔」才叫一絕，這道菜，牛肉軟爛、蘿蔔入味是基本功，在座者幾乎人人會做，但要拿捏到肉質軟而不爛，蘿蔔夠味卻不死鹹，可不簡單。不過，它之所以能得到最高評價，主因還在於具有清燉般的爽口，卻飽含紅燒的濃郁，連湯汁也清甜無比，堪稱一絕，原本自以為拿手的紅燒牛肉當場相形見絀，自慚形穢。

這家私房小廚由幾個姊妹共同開設，對於我們把菜餚一掃而空讚不絕口，主廚大姐十分開懷，她們自豪每道端上桌的好菜都講究天然，多以新鮮食材提味，雖然精心烹調必須慢工出細活，部分菜色需要預訂，無法臨場滿足所有客人，不過，味蕾絲毫不膚淺，除了五味五辛，確實也能敏銳感受到掌廚的用心。我們當場央求大廚開班授課提點一二，結果當然是⋯被婉拒，但這也算充分表達食客真心誠意的最高評價了。

回溯我的廚師夢，起點應該是小時候巷口的那家麵店，他們的什錦湯麵用料實在，湯頭甘美，幾十年過去，至今仍是我心中無人能敵的第一名，裡面煮麵的大叔可能意想不到，他日復一日煮到熟爛的湯麵，竟能為孩子的小小心靈，營造出遠大的幸福與夢想，當時我覺得：全世界最偉大的人物，就是提煉美味的廚師，用一只鍋鏟就能造福世間，帶來原始純粹的幸福滿足。多年後心境返璞歸真，如今對廚房裡專心致志的職人，敬意更深了。

一生做好一件事

「一生只要做好一件事就足夠了！」通俗的勵志經典，你我都熟悉，真能徹底奉行的，卻是人群中的少數。

模糊記得，早在遙遠的孩童時期就聽過這般名言，當時小腦袋瓜的瞬間反應只覺得甚為有理，應當奉為人生圭臬。後來，可想而知，小鬼頭轉過身什麼都忘得一乾二淨，等到回過神來重新咀嚼，已經是出社會工作多年以後的事了。

我們這代人的成長過程，少不了勵志語錄相伴，從教科書「魚兒逆流而上」到課外讀物「開放的人生」之類，佐以師長諄諄教誨金玉良言，光是個人曾經汲取的智慧結晶，都足以集結成好幾冊了。只是說來慚愧，我的志氣一向健忘，起而行實踐率超低，成長這一路，還真拿不出一件「做得好的事」可以說嘴。或許是上天美意強迫長進，成年後拜新聞工作之賜，有緣遇見許多人，或主動或被動地進入他人的生命故事，在那些有別於自己的狹隘經驗之外，得以看到形形色色活著的不同面貌。

可能基於差異、仰望，而產生的崇拜心理，能夠專心致志「做好一件事」的生命篇章，總是特別的吸引我，主角來自各個領域，無論是普獲讚譽的傑出人士，還是默默耕耘的築夢者，周身都散發著一股讓你不得不致敬的懾人氣場，這也許可以解釋：為什麼明明是個現代舞門外漢，那天訪問舞蹈家許芳宜時，卻會望著眼前這個人入神，而差點忘了自己擬的題綱內容。她專注、純粹的氣韻實在太動人，即使在台下幕後，人舞合一的身段仍優雅得與台上無異，現場所有的人包括我，都不由自主地想起身跟著她律動。

事後回想，我們之所以集體融入某些「單一個體的魔力」中，並不只是被「首席」、「頂尖」這些象徵世俗榮耀的形容詞所惑，而是在近距離接觸的當下，從受訪對象那裡借到了一點光與熱，不管鍾情於什麼，好像也能跟著有為者亦若是地燃燒自己的生命，閃亮發光。一位台灣來的宜蘭女孩，努力不懈勇敢跳上世界舞台的頂峰；回到沒有掌聲的練習場，照樣認真拿起拖把彎身擦地板，她說：「尊敬自己的教室，理所應當。」生命迷人的樣貌莫過於此。

有人說，見諸媒體的奮鬥史，只是另一種形式的煽情文本，某種程度來講並沒有錯，畢竟這個世界的確不乏一些名過其實的人事物。然而，自我的功德圓滿，本來就不是做給別人看的。把一件事做到好，有沒有外來掌聲並不重要，喜悅滿足就是給自己最大的賞賜！

熟齡紀事

尊敬自己，並且去做自己所尊敬的事。

人情溫度

到醫院探望老友，及至病房門口，我都還有點兒躊躇著要不要踏進去？那個爽朗直率的女漢子，是否願意讓我們見到如今的憔悴病容？一會兒裡面的氣氛會不會愁霧瀰漫？無預警的到訪，是送暖，還是平添感傷？

見面前，我預設模擬了各種情境，反覆思量該不該走這一趟，然而，在推開房門的那一刻，所有的不安霎時煙消雲散，我很快了悟到先前的猶疑忐忑全是多慮，老朋友發自內心的純粹關懷，其實毋須多言，一眼瞬間，對方已然心有靈犀，除了第一時間激動落下兩滴淚珠，那個午後，感動多於傷懷，窗外暖暖秋陽襯著屋裡的溫馨熱鬧，渾然不覺身處病房之中，連護理人員都被逗樂，跟著幽默風趣了起來。

也許我們無法計量兩個小時的短暫探視，能為人注入多少生命力，不過至少可以確定，哪怕只是營造出一時半刻的歡聲笑語，都是強而有力的心靈補帖。人，不就是在脆弱時，才更需要外來的養分嗎！回頭看，很慶幸那天終究還是決定順著自己的心意走，因為想見，就去見了。透過實際行動來傳達，心裡的良善美意才能化為人情芬芳，產生價值。

活了大半輩子，直到這些年，才深刻領會到人際互動「勇於表達」的重要價值。教會我的是一位摯友，緣由說來其實簡單，因為交情深厚，某年我理所當然地與幾位好友，一同南下參加他母親的告別式，我們以為自然不過的舉動，對方竟點滴在心時刻不忘，事後聊起，他感性說道：「當時見到妳們，真的感覺很溫暖，那種時刻，原來我也如此需要安慰。」

其實，這位好友一向不拘世俗，不湊熱鬧，與我一樣極少出席婚喪喜慶場合，也不太出入醫院探病。我們總怕一個不小心，真誠的好意會變成惺惺作態，想不到一次不經意地關心，彼此收穫的不只是安慰，也幫助我們共同參悟所謂「人情義理」必須在適當的時刻有所體現，該表態，就去做。如果只顧慮著不想要錦上添花，可能連帶也錯過了雪中送炭的機會。人生中有些類似的遺憾，我至今仍耿耿於懷。

我們都有過在「施」與「受」兩造間轉換角色的經驗，有時受惠，有時付出，哪個時刻、怎麼輪替，往往不在意料之中，但循環幾次後便能知曉。感念他人同時就是回饋自己，有溫度的人際互動像是種正向迴圈，繞著人心善意不斷激發能量。所以，我樂觀期待那些玩笑話，能有效成為病禍上友人的最佳免疫療法。

熟齡紀事

哪怕只是一句問候，也能瞬間溫暖人心，拉近距離。

付諸行動才有意義，好的心念，該表態就去做。

百歲人瑞教我的事

我的中醫師今年一一〇歲了。是的，你沒看錯，就是這個數字「一一〇」！他是民國元年出生，與中華民國同齡。

認識張醫師約莫二十年，意即第一次問診時，醫生已年近九旬，朋友訝異之餘出言挖苦：「好不好意思啊！三十歲去找九十歲的人幫你調養身體，有沒有搞錯？」事實證明，我不但沒錯，而且做了極為正確的選擇，這位百歲人瑞不僅守護家人與我的健康長達二十餘年，在他身上，我更親眼見證了身心平衡、健康樂活，活生生的人本實踐。

初見張醫師的人，都很難想像他已如此高齡，我也不例外。

來自大陸北方的他，挺拔高大，年歲過百也無絲毫佝僂老態。根據他本人的說法：「從小在馬背上長大，習慣了把腰桿挺直。」颯爽特質不只身形樣貌，說起話來中氣十足，而且手勁大的驚人。記得第一次為了治療所需受他拍打，震撼得以為遇上了真實版「降龍十八掌」，看我們瞠目結舌的驚駭反應，老人家得意極了！

「人只要吃得好，睡得好，廁所上得好，絕對可能活到一二〇歲。」

這是張醫師分享的長壽秘訣，簡單概念對現代人卻知易行難，「吃」有食安問題；「睡」有作息與失眠困擾；「上廁所」更糟，腸胃泌尿都是普遍文明病。「呷百二」的神仙人生，他到底怎麼做到的？

首先，非不得已絕少外食，北方人擅做麵點，張醫師頗自豪手藝，常說自己做的菜：「清淡寡味但營養可口，外食品質難掌握，不好的油是百病之源。」其次，百年如一日早睡早起多運動，他最愛晨起打高爾夫球，呼吸鮮氧，活絡筋骨，直到幾年前還能全場走透透打十八洞。不打球時也不犯懶，甩手、拍擊雙掌、指腹梳頭，隨時隨地暢通氣血，提神醒腦。

中醫師養生或許不足為奇，然而幾年相處觀察下來，我看到張醫師真正特出之處還在「養心」，他是我所見過最樂觀爽朗、最富好奇心與學習力的人，常鼓勵我們多笑多話，紓壓不憋氣，心寬才能體健。診間牆上的攝影作品，紀錄主人百年足跡，雖然現在年事已高不便上山下海了，愛好攝影的他，對新式相機仍如數家珍，跟著數位時代前進，3C產品和智慧型手機是你我也是他的生活日常，逢年過節收到line問候，便知老人家近來又學了哪些新玩意，年齡數字從未阻礙他當個「現代人」，超過一世紀的豐美人生，持續光熱。

初老未老時

最近與「初老未老」這說法很有緣，書本、社群、與人交談都不時跳出同義詞或類似概念，生命的訊息密集降臨，沉靜而有力，無聲提示無所不在！

在討論初老未老前，得先釐清「初老」到底是幾歲？我接觸過多種版本，熟悉日本民情的作家明確指出：當地社會普遍以「不惑之齡」為初老疆界，意即年過四十才算與「老」沾上邊。不過台灣偶像劇裡，女主角三十出頭的年齡設定便已言老，數十種初老症狀貫穿全劇，看得人膽戰心驚，若以國人平均壽命八〇．四歲計算，如此定義，人生恐怕將近三分之二的時間都得連著「老」字了！

老是必然，並不足懼，怕的是早早認老，反而失去該有的壯年活力。這麼說固然有點自我安慰的成分，不過拋開數字迷障，勤於保養的現代人，有些確實年屆花甲也不顯老，君不見健身房、馬拉松、鐵人三項等體耐力活動，多的是中年大叔大媽的身影！我們這代人，總有本事為自己創造不服老的條件，不遺餘力追求身心凍齡，「初老未老」就是很具建設性的務實心態——不迴避老之將至，也不急於踏入老境。這是段為期不長，卻品質精良的人生好時光，體力猶在，心境趨熟，正適合用來填補前半生的缺憾、追逐後半生的夢想。

我認識許多中年追夢人，對生命熱情、對世界好奇，而且即知即行動能超強，有人說：「昨天太小，明天太老，今天剛剛好。」擬定計劃，背起行囊說走就走，還真給他完成了徒步環島的壯舉；有人年近六旬，才立志攀登吉力馬札羅山，文弱書生竟也征服了非洲屋脊；還有人索性搬離久居的城市，投注畢生積蓄，到東台灣闢建理想家園……，對他們來說，歲數非但不是障礙，反而是勇往直前的推進力。每當聽說誰又完成了什麼，總教我心生佩服，湧現一股有為者亦若是的氣慨，做夢的傳染力在中年期格外強勁。

多年前到瑞士健行，曾經巧遇一對日本夫妻，上班族退休後來到無車無塵的小山城 long stay，先生重拾畫筆，在阿爾卑斯山上寫生，太太一旁悠閒呼吸山林，花白頭髮的小小身影，彷彿山巒絕景中的兩個靜物，愜意的那麼不真實，卻專注的那麼踏實。雖然沒必要複製他人的經驗，不過當時腦中仍不禁勾勒起自己未來的生活輪廓，如今，那個「未來」已近在眼前，初老未老不再只是想像，手上待辦清單已一長串，得加快腳步跟時間賽跑了。

熟齡紀事

追夢的時刻到了！昨天太小，明天太老，今天剛剛好。

破牛仔與花布衫

假日穿著休閒輕裝探望父母，總免不了被叨念幾句：「為什麼一定要穿得破破爛爛，缺錢買衣服嗎？」「好好一件褲子幹嘛挖那麼多洞，妳不會冷喔？」同樣的訓斥二十多年來內容不變，左耳進右耳出的對應態度也依然故我。說起來，這都要怪丹寧刷破始終流行不墜，甚且破得益發具有創意，教人如何捨得不穿它呢！

老一輩或許真的難以理解，破洞、補丁與流行美感有何關連？一如我們永遠不會想複製他們的穿著風格：為何到了特定年齡，就要以花布衫、寬衣褲來彰顯「資深樣」？

年少時仰望長輩，其言其行毫無懸念，就是有股「大人味」，一種老成持重、飽經歷練的成熟氣息，內在的認分守己，外顯於穿著打扮自成規矩，簡樸的花布衫、守禮的透明絲襪、安全的西裝褲，組合成那代中老年人標準的「外觀模型」。我曾以此遙想推估自己未來的模樣，當然，後來的發展以事實證明：時代真的不同了，即使已經來到那個想像中的年齡階段，我們多半還是穿得活潑隨性，仍保有一絲青春飛揚。傳承數十年的「適齡」樣貌，在我輩這代人身上徹底顛覆。

服飾心理學老早就告訴我們：衣著打扮是身體的延伸，代表社會形象，也反映內心世界的感覺與想法。兩代穿著風格迥異，表露時代變遷，帶來了外在環境與內在心境的巨大變化：同為半百之齡，從前可能已達「祖母級」，如今稱為「美魔女」，阿嬤版花衫衣裙，自然不符現代女性既美又魔的品味條件。何況當今世界門戶大開，資訊通達，眼花撩亂太多選擇，唯一能說服我們回到古典穿著模式的理由，只有「時髦」，也就是當時尚趨勢的循環繞回某個年代，再度掀起復古風潮。

記得在「五年級生」懷舊之風尚未成形時，幾年前，一位有識之士便曾為文形容這是「青春期最長的一代」。果真，我們的衣櫥如實反映此言不虛，從少女到婦女，刷破牛仔褲、休閒潮T帽T、短裙短褲從未銷聲匿跡，不時出現在那些無需透露年齡與職業資訊的場合。如果說衣著表現人們內在的自我認知，那麼我們確實「中年不覺老」，打從心底自然揚棄傳統僵化的老年意識，即使生命課題無可迴避，我們就想老得有個性，老得有味道。

因此，破牛仔絕對有其存在的必要，衣櫥裡的一方角落，同時表徵著我們心裡的一席之地。

熟齡紀事

不覺老，就不容易有老態。

生理同齡，未必心理同齡，你大可自己定義「適齡」的穿著。

健康存摺

很難想像身邊的朋友一個個成了運動控，尤以那些數十年如一日懶散的沙發馬鈴薯，最是令人跌破眼鏡！

「我現在超愛動，沒事就走路，一個禮拜去五天健身房！」「那家健身中心的舞蹈教室課程不錯，大概每星期固定跳個兩三次。」一出自親朋好友們口中的近況描述，勾勒出同齡層有志一同的五十後人生景況，想來有趣，年過半百，才開始激發生理潛能，認真自我審視強化體耐力，似乎成為現代中年人的重要特徵之一。我們現階段對身體保健、鍛鍊的種種積極作為，絕對前無來者，堪稱史上最懂得愛自己的一群熟齡人。

「愛自己」恰巧是台灣社會新近抬頭的流行概念，這裡所要談的，不是此類暢銷書多所關注的女性意識主題，只是純粹淺白的聊聊，何以來到中年，咱們這代人不分男女，皆如此關照這退化之中衰萎在即的一副皮囊？

眷戀青春？懼病憂老？以上皆是，但不盡然，或許更深層的念頭是朋友直率表述的這句：「不想麻煩家人！」

幾天前見諸媒體的統計，台灣每年有十三萬中壯年人口，為了照顧家人被迫中斷職涯，數字本身並不特別讓人驚訝，這年頭，直接間接便可聽聞太多無力兩頭燒的家庭，因為各種理由，必須有成員做出犧牲來全職顧家。周遭已有太多人此刻正面臨著「照護」與「經濟」的雙重壓力，千斤萬擔身心俱疲；相對之下，慶幸至今仍留有些許自由空間的人，似乎也要感恩每一位家人尚能自理生活，毋需你負擔照顧。人生行路至此，方能深刻體會「健康」無價，牽動的不只是個人的生命品質，更是闔家能否安樂度日之所繫。

平心而論，中年人努力地「愛自己的身體」，有其情非得已的成分，誠如一位親友所言：「照顧人要有體力，不想被照顧要有健康。」任意妄為揮霍青春的無知和大膽，早已是人生的過去式，再不復得。面對現在與未來，我們恐怕都不具備偷懶、羸弱的條件，因為心下明白：養生非口號，是一種必須認分的自我責任，溫和行動派如打太極、練八段錦；自信激進者三鐵、體適能樣樣來；不然就健行爬山，順便吸收芬多精。強身健體的過程，無形中也是心性的鍛鍊，我發覺，那些動得越厲害、越勤快的傢伙，面對晚年，就是相對多上幾分安心從容，自在開闊。

是了，「自信」才是健康存摺裡最珍貴的價值，當人們雲淡風輕，達觀自許「老不煩兒」，表露的其實是不願隨歲月流逝的尊嚴與慈愛。

第二個青春期

行至中年，不知怎地，自然而然活得格外努力！

是意識到來日不方長了吧？「認真過活」成為一種主流態度，從某個時刻開始，傳染病似地快速蔓延周遭，每個人彷彿都變成閃亮發光體，不是致力於開發未知潛能，就是更賣力地延續興趣，散發著個性化的生命情調，各自精彩，猶如青春期再現。

始於中年的二度綻放，很有意思！體力下降，活力不減；記憶變差，理解更深；坐而言少，起而行多。當年那句廣告流行語「只要我喜歡，有什麼不可以」，已然進化為「只要我喜歡，尊重他人就可以」，心態上，儘管不可能如少年時憧憬長大般地期待老去；面對未知的將來，倒是多了點自知之明。餘生光陰寶貴，須得充分運用「青春尾」完成人生願望清單，儲備晚年所需。話說認真的人最美麗，若不是逐漸冒出的皺紋白髮洩了底，這可真是個十足迷人的「成熟青春期」呢！

尤其，以那些跌破眼鏡的「徹底轉性」與「中年叛逆」，最令人驚艷。

例如：學生時代打混翹課，如今事業有成，自發回歸校園進修，端坐課堂、專注論文，上進模樣實在與從前的懶散形象大相逕庭。大伙兒總打趣說：「因為自己付學費，所以要用功。」然而，過來人我可心知肚明，這個階段，學位加持的不是專業成就，是重燃心裡的學習熱情。

相似情況也發生在近年老友聚會，交流話題不約而同越來越「文青」，彷彿突然集體領悟腹有書香氣自華，聚餐往往兼開讀書會，說到心得感動處，眾人還心有戚戚一起流下兩行熱淚，如此投入，自己都莫名所以。

為自己讀書，是這個階段典型的學習特色，同理擴及其他生活層面，說白了，就是一切摒除功利、但求滿足的自我提升或鍛鍊。

於是，懶了一輩子的傢伙開始動起來，游泳騎車、全馬三鐵當家常便飯；從來不進廚房的人，變身當代傅培梅，桌上一道道佳餚，實在很難置信竟是出自某些人之手；還有上山下海捕捉感動的那群人，分明一把歲數，就是非要捨輕巧取沉重，揹著幾十公斤的攝影裝備親近自然，取悅生命。

至於其他謙稱只顧玩樂的退休族群，其實連享受生活也竭盡所能，不是在世界某一角落打卡，就是在前往認識某個文化的路上。悠閒居家嘛，實際走訪一趟就知道，費盡心思打造的閒適可也不簡單。淋漓盡致活出自我，第二個青春期，正在飛揚。

熟齡紀事

第二次青春期，目標是為了「力挺自己」而熱血、而轉性、而叛逆！

中年追夢人

為了《名人書房》節目南征北討，遍訪台灣個性書屋，意外結識了好幾位年齡相仿的中年追夢人。

中年築夢，從來不容易，上有老下有小，瞻前顧後，進退都罣礙。至於那些少牽掛的，許多不過是提早失去或先行孤獨了，也不怎麼教人羨慕。這個由種種不利元素建構的人生階段，要想突破，真得有勇有謀不可。

此處言「勇」，除了字面上解釋的勇敢、衝勁，更需要的是現實裡勇健的體魄與熱情，「身心能量雙全」是尋夢的基本要件，根底沉穩，腳步踏出才不致虛浮，至少「夢」可以撐久一點。

「謀」的真實意義說來比較有趣，不同受訪者的腦袋瓜裡，自成獨特創見套路，有些甚至徹底顛覆一般慣性思考，幾近異想天開。所幸中年人具備豐富的經驗歷練，想任性也懂得運用過往閱歷，以「方法」來支持「想法」，結果倒也踏踏實實越走越穩，逐步將天邊的夢想拉近眼前。

台東長濱的「書粥」是個好例子。

輕中年老闆的第二生涯頗戲劇化，辭去北部高薪穩定的工作，先是遷往台南投入街區改造，耕耘有成，接著再發奇想，到東部開設了一間「老闆不在家」書店，以週為期徵值班店長，留下幾條守則，讓輪值店長自行交接、營業。小實驗始料未及得到廣大迴響，線上報名踴躍，最小年紀是國中生，最遠的距離來自荷蘭，別以為他們只是觀光客心態，前來打工換宿、換取幾日免費的好山好水與清澈藍天而已，這些「店長們」可是個個很當回事地撩落去，衝業績拼得兇了。

採訪那日，遇見來自高雄的退休教師當店長，駐店期間，十足敬業將內外灑掃得一塵不染，連冰箱都擦得潔淨光亮，晨起騎車到附近敦親睦鄰，順道摘芒草回來布置環境，完全當自己家似的，還搬出珍藏飾品當誘餌「買書送耳環」，儘管促銷效果遠不如之前「買書送米」那位來得威猛，她仍表現得雀躍不已，直呼：「太值得了。」走出教室，展開新的一段學習旅程，這趟，體會的是人與人之間的信任和尊重。

遠在台南的老闆，隨性不隨便，透過線上交流與左鄰右舍「監控」回報，分享每一位店長的故事。這個書店運營模式新穎，保鮮期能持續多久有待觀察，以生涯轉換第一回合成果觀之，我們對他深具信心，從台南小街走向台東小店，資深文青一路追自己的夢，也圓別人的夢，祝福！

熟齡紀事

追夢、築夢、圓夢，你需要兩大勇士幫忙：「勇敢的心志」與「勇健的體魄」。

幾個場合巧遇以前的老面孔，見面第一句問候不外乎：「你都沒變！」「越來越年輕了，怎麼保養的？」看到這，先別急著拿嘔吐袋，誤會中年人偽善客套，被社會洗禮得言不由衷。手摸良心發誓，口出此言絕對真心誠意，只是你、我、他所以為的「青春」，內涵定義可能大不相同。

即便再怎麼天生麗質勤保養，醫美發展又如何一日千里，要想完全阻絕歲月痕跡於肉身之外，目前恐怕還是不可能的任務，許多人都有這樣的經驗吧，體重明明沒多大改變，但體態明顯不太對勁，同一件衣服，怎麼就穿不出以前那股窈窕風韻。或者，頭髮不知不覺間越變越少了，某日百無聊賴摸摸自己的腦勺，才赫然驚覺頂上的豐盈厚度已然稀疏單薄，完全不復當年。

年華老去是必然，其實我們早有心理準備，否則何苦喘著大氣運動健身、花錢在臉上塗塗抹抹，一切無非「盡人事」延緩老化而已，暫時凍齡術是現代中年必要的自我安慰，大家心中雪亮，說好話讚美別人，實則在鼓勵自己：「老慢一點，別跑太快！還有一點時間，好好把握最後良機！」

同為怕老一族，放眼所及一切抗老行為及其內在成因，於我皆心有戚戚，包括那些比較華麗巧妙的說詞：「女人就是該美到最後一天！」「不是懼老啦，是以後不想給人添麻煩。」通通有道理，自己也樂在其中，然而，抓住青春的尾巴之後呢？是否只能任憑青春像「小鳥一樣不回頭」，就此黯然老去？

生命總是很巧妙地為我們鋪排劇情，曾幾何時，現實裡默默冒出了幾位「越活越好看」的人，翻轉了青春的傳統想像：臉上不見肉毒桿菌帶來的緊實，也沒有高強度鍛鍊出的健美身材，可就是順眼，親近時感到舒泰，所以覺得好看；跟他們談話總能獲得啟迪，越發好看；心量、氣度、知識、涵養，讓他們即使上了年紀還是那麼好看。智慧修為凝鍊出活生生的「濃縮精華液」，比任何高效保養品更能留住青春氣息。

遇見這些個高人以後，近幾年，我特別喜歡祝人「青春永駐」，字面含義由收受方自行解讀，而發話這方，除了傳送關於容貌形體美好康健的問候之意，真正重要的核心是「隱藏版訊息」：祝福每個人永保年輕的心好奇探索，青春飛不走，一直在那個更好的自己裡。

熟齡紀事

不必惆悵，比青春肉體更耐看的「氣質美」，需要的正是足夠的歲月洗鍊。

讀一本人生的書（上）

做訪談節目經常被問道：「妳對哪位受訪者印象最深刻？」心底話，我的標準答案：「沒有任何一位來賓不令人印象鮮明，沒有任何一段故事不使人動容。」

基本上，以單一人物貫穿長達一小時的對談，受訪主角本身的經驗、閱歷、涵養與影響力，早已通過製作單位事前嚴謹的認證企劃，很難不精采。而這些所謂「名人」之所以能夠搏得聲名，站上浪頭，自然都經歷過長時間的淬煉累積，或者多了點一般人難得的奇幻際遇。勵志傳奇由當事人現身說法，加倍生動真實，完成一次工作任務，便如上了一堂寶貴的生命講座。

比起播報新聞傳達事件資訊，近幾年，我更喜愛這類介紹「人」的主持工作，藉由資料研讀與訪問深談，去閱讀一個活生生的人，品味他的思考深度，汲取他的經驗價值，讀人如讀書，是種快速有效吸收他人內在精華的方便巧門。一次次站在別人的肩膀上前行，雖然不敢說是世界上最快樂的工作，至少絕對充實滿足。

若真要提出某個特殊亮點，我想應該是那些神來一筆的妙喻，來自不同人生的抽象體悟，化成一些具體的實踐格言，最有意思！

名製作人王偉忠耳順之年感言：「這些年做事希望不要太用力，風起不來的時候，風箏不要亂放。」隨順因緣，半生智慧只在三言兩語間；另一位慧黠的中年大叔，資深球評曾文誠則是名符其實的「野球人」，人生如棒球，處處皆靈感，我最喜歡他這句：「人生不如意十之八九，所以現實社會中，我們只有一成打擊率。」幽默通透，面對現實不見得非要天人交戰，中年以後的他們都懂了隨風而立，輕鬆寫意，努力而不用力地活著。

另外有些青年典範，不用走到人生中後期就能看清自己，像是投身偏鄉，倡導均一教育的劉安婷和呂冠緯。

當年遠走天涯當「普林斯頓女孩」，如今踏進偏鄉「為台灣而教」，劉安婷自我剖析：「我一直知道為什麼要做這些事情，一個人如果只是為了冒險而冒險是危險的。」黃金般的語言，很難想像是出自一個三十出頭的年輕女孩；而她志同道合的夫婿呂冠緯，從自身經歷談教育理念：「父母不是孩子的擁有者，而是託管者、陪伴者。」同樣成熟早慧，教我們不由得肅然起敬！

當然，這個世界還有更多智慧珍寶、隱藏的光芒，不用名人帶路，通常就在你我身邊。

熟齡紀事

草船借箭、鑿壁借光，善用智者的光輝照亮自己的人生路。

讀一本人生的書（下）

一季閱讀節目說長不長，倒藉此品味了許多濃郁的人生韻味。

在每個人獨具風格的閱讀地圖裡，「武俠」是意料之中又超乎預期廣泛的最大交集，毫無懸念，武林至尊當然非一代奇俠金庸莫屬，身為資深金迷，凡聽聞受訪名人分享與金庸武俠的因緣際會，總不禁心神蕩漾，興奮莫名，訪談過程往往因此岔入題綱以外的支線，擴充不少精彩趣味。

關於武俠人生，他們是這麼說的：

女版金庸鄭手論「俠」之典範：「什麼是俠？就是在困難的時候，仍然可以作出對的決定，可以把別人放在你前面。」

名醫江坤俊回溯從醫之路，竟是受到天龍八部裡的薛神醫啟發：「他的綽號叫閻王敵，我到現在聽了還是很振奮，希望有一天對我的病人說，你只要來看我，想死都難。」

英文名師徐薇母子分享教育心得，兒子大成藉武俠小說強化學習興趣：「看武俠小說，真的會激發對國文史地的學習動力，例如有次考試題目出了『魑魅魍魎』四個字，我不假思索寫出答案，因為在射鵰英雄傳裡看過。」

礙於專欄字數限制，無法一一列舉所有人與武俠碰撞的故事（那應該是另一條龐大主線了），重點在於這些似曾相識的經驗談中，我們如此自然地照見自己，毫不費力與之共鳴，「武俠」這種華文世界特有的超現實小說體，帶引跨世代書迷，往各自心中的理想國奔馳，無論嚮往的是百年難得的奇遇、正氣凜然的俠義，還是至死不渝的愛情。

我確實如此相信，在什麼時間點遇見哪些書，受到如何影響，都是人生劇本裡的巧妙安排。於是，當曾寶儀說：「人會選書，書也會挑人。」我會心一笑，又是命運般的靈犀。不同生命的真實經驗與抽象信念，合力導出雷同的結論，如同其它事物般，人與書本相吸，也是雙向的感應交流，當我們需要什麼，神奇的那本書就會適時出現。血氣方剛的青春期，影視、同儕、師長以各種方式展讀武俠，讓我們精神馳騁江湖，快意恩仇；情竇初開時，巧遇的溫柔述說即充當了愛情導師；糾結困頓時，永遠會有那麼一兩本從茫茫書海中脫穎而出來到眼前，在某個凝視瞬間，一句話、一行字，正好切中當下心情。

以上所述，當然僅限我們凡俗人等的際遇，才情出眾者激盪的是另一種故事，例如鄭丰，癡迷到深處自行開宗立派，為世間與自己的生命續寫傳奇。

致中年格言

身為標準低頭族一員，每天從指尖滑出數百則訊息乃家常便飯，在日益強大的演算法面前，女人最高機密早已外洩，於是，熟齡、退休、第二人生之類的好文佳句，天天來小屏幕報到。剛開始，很當一回事地照單全收，差點不小心把恣意中年給活成了恐慌人生。

舉個前陣子遇上的實例。

看到小有所成的理財專家談退休準備，大方論述一路走來的儲蓄心法與投資績效，前後左右看著都覺得言之成理，沒想到分享出去，卻換回好幾個鐵板，年齡相仿的同輩直接挑明：「這種文章都只講賺的，不提賠的，投報率那麼好，我們現在何苦還要這麼拼？」

更不客氣的說法則是：「總要有閒錢才存得了吧，年輕時，生吃都不夠了還要曬乾（台語）⋯⋯」，或者說：「寫這種東西是要氣死人喔！」不要誤會，以上不是清苦一族的反擊，反而都來自已經有點「老本」的族群，他們並非不認同妥善理財規劃老後生活，只是務實的點出個別差異的條件限制，即使是某些人的成功經驗談，也不可能一體適用所有人。

這使我想起自己曾經有一段內心小劇場，還記得那句給中年人的格言是「生活已經那麼累，就別再輕易流淚。」此言乍看立意良好，提醒人屆中年，歷經風浪挫折，應該能維持心緒穩定了，話雖如此，但偶爾激昂澎派一下何妨，只要頻率不傷身，表達不傷人，即使有歲數的人，也不必活得那麼壓抑吧？

那日我如此這般在精神上反駁之後，竟莫名地豁然開朗起來，太多指導棋透過演算推播送到眼前，免費教我們如何幸福熟齡、安排人生、從容變老，佳句格言看似字字珠璣，不過我們真正需要的，只是取自己合用的那幾瓢飲，足矣！有時候，「心靈雞湯」攝取過量，也可能導致消化不良。

活過幾十年的人大概都會同意，人生是一連串「選擇」的過程，勸世文中的金玉良言，或是諸多經驗提煉出的智慧結晶，具有一定的參考價值，卻不見得要全數奉為金科玉律遵行不悖，反而會被琳瑯滿目的「老後幸福準則」嚇得心神不寧。中年以後深刻的體悟之一，就是幸福沒有通則。我很喜歡的日本作家曾野綾子，形容中年是「能睿智地看準自己足以應付範圍內的氣力與體力。」無須人云亦云勉強追隨，讓我們發揮黃金中年的篩選智慧吧！

熟齡紀事

人生沒有標準套路，再多的專家建言，最終要依據「個人差異」做出的選擇。

勞碌命

本來滿心盼著連續假期可望偷得幾日清閒，趁著陽光難得露臉，走春踏青賞花去，不料竟感冒高燒，臥病在床，只能隔離在家，徒呼負負，可惜了窗外和煦宜人的爛漫春光！

說來玄奇，平常忙於工作，生活品質極差，怎麼折騰這副肉軀，一樣體健如牛，百毒不侵。可是每逢假日放鬆心情，想藉機保養維修一番，免疫力反而跟著鬆懈下來，這種令人氣惱的「無事起病」定律，生命中反覆過不知幾回，雖然醫學論點不難解釋，但生平不乏高人意味深長地對我鐵口直斷「勞碌命」，印證過往經驗，好像真有幾分神準。

姑且不論命理之說的心理暗示效果，剛開始光聽到「勞碌」的字彙組合，便覺十分不祥：「勞苦」又「庸碌」，這種人生未免太過悲慘，實在難以欣然接受，距離從小被灌輸的「好命」期待，更是差十萬八千里遠。不信問問周遭長者「誰最好命？」答案多半不會是職場上幹練忙碌的佼佼者，或者是任何勞務能手，無論勞心還是勞力，伴隨勞碌而來的想像不外乎辛苦、疲累、打拼、承擔，無一連結人稱「好命」的恬適無憂、富貴福祿。「勞碌命」之於我，曾經如此打擊人心，直到某天突然醒覺，其實，世上絕大多數人都勞碌，甚至包括那些眾人眼中的天之驕子，他們心中也自覺甚為勞苦。

就拿身旁幾位人生勝利組來說吧！看似無可挑剔的美麗人生，偏就當事人本身不以為然，例如：出生於富裕家庭的女性友人，從小是父母的掌上明珠，婚後移居美國，另一半事業有成又體貼顧家，孩子也優秀乖巧，但是公認的「超級好命女」卻十分不滿自己的人生際遇。原來，這個聰明漂亮的女生，一直自認才華洋溢但無從發揮，長年的居家生活對她宛如牢籠，我們羨慕她富裕、穩定，而她卻嚮往我們庸庸碌碌的打拼生活。即便她符合世俗標準的好命，卻絲毫沒有幸福感，人生滋味仍是苦澀。

但我終究能夠理解，朋友想經由某種「勞碌」過程建立的存在價值，那也正是自己切身的心路歷程。所謂「勞碌命」隨時間推移，如今感受早已轉向光明，縱然偶爾還是嘀咕身心疲憊，但依然很感激生命給予實現自我的各種可能，勞而有獲的旅程，往往能幫助我們成為更好的自己。所以現在學會停止抱怨，笑納挑戰，反正，人生在世，誰不勞碌嘛！

熟齡紀事

富貴命、勞碌命沒有哪個比較幸運，要看誰的「幸福感」比較高。

學著傾聽

當身邊圍繞眾多觀察力敏銳的親朋好友，你的一舉一動，甚至臉上的細微表情，往往無所遁形，例如：面對面聽著說著，就會有個不識相的傢伙出聲點破：「咦，妳該不會又感動了吧？」尤有甚者，連透過螢幕也能看穿你極力隱藏的情緒，彷彿戳中什麼驚人的秘密：「妳那天做訪問時，差點掉淚了，對吧？」。

是啦！承認，我就是容易被觸動，雖然談天現場偶有尷尬，也自覺工作訪問時，置入過多個人情緒未免有損專業，偏就止不住內心澎湃，而且哭點、笑點皆與年齡成反比，越老越低。

理論上，半生歷練應該早把人磨得心緒穩定，甚至見怪不怪而變得凡事麻木了，但事實卻非如此，我所熟識的人們，多在中年以後愈加柔軟感性、情感豐沛，閱歷見聞所強化的生存能量，很大一部分來自「傾聽」的能力。

在媒體圈打滾多年，放眼俱是表達功力一流的辯口利舌，「說話」是傳播工作的特性，也形成我們的日常慣性，湊在一塊嘰嘰喳喳，熱鬧自是不在話下，即使一個人移至其他群體，往往仍是話題的中心，就這麼「暢所欲言」了多年以後，某個機緣讓我突然驚覺「嘴巴使用太頻繁，耳朵好像快退化了」。我們有多久不曾好好地聽別人講話了呢？

大約是從那時起，開始有意識地提醒自己閉上嘴巴，張開耳朵，對於天生主觀意見強又擅長口語表達的人，「傾聽」是種必要的後天學習。於公於私，我們都太需要隨時覺察，放下自己，避免過多的自我繼續率性地大放厥辭，不經意流於單向溝通。

我的切身經驗是，台上面對受訪者，認真傾聽對方說話，有助於深刻觀察，不但能挖掘出對方更深層的內在，讓訪談過程充滿意外驚喜，同時也讓受訪者感受到被尊重，從而願意分享更多自我，拉近彼此距離。私底下，聆聽也創造出更多美好的人際互動，從話語間聽進他人心坎裡，原來，自己過去鮮少提供機會，真正地去理解那些認識了好久的人，因而錯失許多向其他人學習的機會。

但聽得太認真，自然也帶來一些意想不到的「副作用」，最明顯的徵兆之一，就是非常容易投入別人的情感當中，於是經常忘我地開懷大笑，或者忘情地跟著掉淚。有意思的是，傾聽他人的故事激昂起伏，回頭探索自我時，反倒相對平穩靜定得多，彷彿能聽見自己內在的聲音，了解情緒的源頭……，這應該算是傾聽練習的額外收穫吧！

閉上嘴巴，才能聽見「別人的聲音」，以及「自己內在的聲音」。

第六章

海闊天空

以你之名，掌舵人生新里程

面對人生最寬廣的海口
拋下過去的成敗得失，迎著風浪只管一路前行

幸福指數

鄰桌的客人用餐時夾著高談闊論，偏高的分貝即使隔條通道，也能毫不費力地融入他們的聊天內容，「你知道《捍衛戰士》要拍續集了嗎？」「隔三十幾年了找誰演啊？」「不知道耶，除了湯姆克魯斯，其他人都不能看了。」先澄清，我絕非無禮的竊聽狂，只是相似的對話，不久前才出現在老同事的群組。有趣的巧合，讓我不禁側耳傾聽，心中莞爾。

先是某人在群組裡分享了一篇報導連結，一時間，大夥聊得好不熱鬧。叔伯阿姨們雖然都是資深影迷，但這回興味盎然的重點，完全只落在標題那幾個大字「歲月如刀」，以及其下一張張當年劇中俊男美女，如今被戲謔為「走鐘」的明星近照。議論最多的，莫過於經典海報中，搭在阿湯哥肩頭的美艷女教官，淡出影壇多年，金髮美女洗盡鉛華，變成白頭老嫗，對比至今仍活躍於大銀幕的美熟男阿湯哥，紅顏已然嗅不到一絲偶像氣息。

娛樂新聞做為談資，品頭論足是八卦人性，然而，拿掉尖刻的標題，被媒體捕捉到出入教堂當志工的她，看起來平庸尋常，卻自在淡然。貼文始作俑者若有所悟地自顧自作結：「也許她現在當志工的平凡日子，反而比大明星阿湯哥還幸福。」話鋒一轉，頗有幾分穿透實相本質的味道。確實，無論科學、宗教或個人體驗，要定義「幸福」，都屬於個人內在的心理感知，與外顯的物質條件未必同步，我們自然無法從社會表象，分辨出「巨星」與「大媽」誰過得好些？幸福，從來不是別人說了算！

曾有位清明透徹的修行朋友對我說過：「幸福是一種心態，不是特定的狀態。」多年後，一次美好的機緣，我應邀為楊定一博士的新書寫推薦文，研讀時，彷彿呼應著昔時與友人的幸福對話：老友所見解的「幸福」非指狀態，人生際遇無常，怎能把快樂託付給常動善變的外境呢？楊博士則以科學辨識，指出形成心智作用的生理結構，提點讀者外來刺激觸動的喜悅，都只是短暫現象，「享樂適應」只會持續一段時間，不會恆久存在。佛門中人與醫學專家各自領略，微妙交集，他們所見的幸福實體，不附著於任何可觀的樣態，而是存在於不可觀之心。

心海浩瀚，超越理智所能瞭解的範圍，我沒有前述精神導師的修練層次與淵博智識，但覺得體會幸福，比弄懂它要容易多了。偶爾抬頭仰望天空，湛藍入眼也覺舒心，那份幸福感，平庸卻踏實。

熟齡紀事

幸福是自己的體會，不要試圖量化，不要與他人做比較。

減法人生

行經老牌飲料旗艦店，抬頭不經意瞥見夏季主打廣告的標語「用減法，過出好人生」，我站在對街會心一笑，好個與時俱進的老字號，不除舊能創新，行銷概念緊扣流行且深得我心。

奉行「減法人生」哲學的起點，要回溯到幾年前，好友雙親相繼辭世，她與兄弟姊妹們費了好大力氣收拾父母故居，事後憶起那段繁瑣惱人的過程，一向智慧的她慨歎：「也許，我們真的不需要那麼多身外之物。」簡單的小道理，人生大哉問，回顧那場對話，感覺彷彿是個命定的觸發點，我的小小世界從此莫名起了些許微妙變化，爾後每每站在貨架、櫥窗前，總會習慣性地問問自己：「這是我需要的？還是想要的？」

於是，這些年姐妹淘相約逛街，成行機率總是不高，我常開玩笑說：「現在需要的是減肥，不是採購。」自我解嘲卻也是真心話，衣櫥鞋櫃早已負載過量，何苦為難那一方小小空間，當「擁有的」遠超過「需要的」，該做的是清除消滅，而非為了配合日漸加粗的腰圍，繼續添購更大的尺寸。這是絕對划算的思考方式，戮力實踐一舉兩得，不但居家環境清爽加倍，抖落一身贅肉油脂，輕盈美觀又省荷包。

用減法過日子，其實不太符合人性，畢竟人生是一連串的堆疊，從無到有，由簡至繁，再自然不過。

成長本就是一條加法之路，沿途吸納知識技能、閱歷經驗，終至飽滿圓熟，歲月為生命「加」入許多寶貴元素，豐富人生成就渴望，從積極正面的角度出發，怎麼看都是美事一樁。只是，我們常常一不留神，讓雜質跟著摻混了進來，奢望帶來執著，慾念衍生煩惱，不斷地追求，有時反而遮蔽了生命本身的寶貴光華。

「人活著有三個層次：活著，體面的活著，明白的活著」，借用網路長文這段話，我自作主張加以拆解，歸類前兩者為奮戰世俗的加法人生，最後這層雖不完全等同減法哲學，卻正契合去蕪存菁的生活心法。如同樹木必須剪去不必要的枝葉才長得茂盛，人活得明白，才能覺察生命裡那些多餘的存在，不為所困，不被操控。

幾年前有位同學辭去工作之後，說了這句話：「清心寡慾也能生活。」我倒覺得人要寡慾後才能清心，當欲望不再盤據我們的注意力，心靈才得以騰出空間體悟真理，感受美好，關懷他人。生命如此短促，事不宜遲，立刻再去清理一回吧！

熟齡紀事

覺察生命裡多餘的人事物，定期清除，不受其擾。

一個人的情人節

許久不見的老同事約了一場八月餐敘，我順手記註在行事曆上。兩天後，一名單身熟女突然在群組自曝小心機，狡獪寫道：「真是太感謝你們辦活動了，已經好久沒人約我過七夕。」一經點醒，才後知後覺，這日子也撞期得太過巧合，中年人實在欠缺浪漫情懷，自顧自地呼朋引伴，完全無視於另一半的存在。反而獨身的男女，心裡還保留著一個「情人」的位置。

熟識的朋友中，半數是單身，聽起來不太符合社會想像，但確是如此。或許因為所屬行業作息特殊，先天就不利於維持穩定的關係，再者，個人主義盛行的年代，早不時興相忍為誰那一套，合則來，不合則去。統計數據顯示：台灣不婚族多，離婚率高，印證現實情況倒也不假。

身旁這群孤家寡人，多聰慧獨立，幹練自主，有時挺羨慕他們生活無拘無束，不必報備行蹤，無須掛念家累，一人顧好等於全家溫飽。偶爾在聚會時低頭看錶，惦記回家的時間，還會引來幾句譏嘲：「哇！你家不會還有門禁吧？」有意思的是，他們平素看似活得自由逍遙，但某些節日一到，就有人會生出一股無以名狀的悲涼，對「情人節」尤其敏感。好端端過日子，硬是被鋪天蓋地的行銷活動提醒得心煩鬱結，連餐館當天都只限定「雙人套餐」，形單影隻的人情何以堪！

「到底是誰鼓吹這麼討厭的節日？這一切都是商人的詭計！」友人的高見頗有幾分道理，彼此相愛，天天都是情人節，每對佳偶自有獨特的愛情美感，何必人云亦云附和跟風。一年象徵性地示愛兩天，恐怕商業成分比愛情氣息要濃厚得多，別說無伴悵然，有伴也是壓力，強勢的消費流行文化，複雜化了愛情的單純戀慕，吃啥送啥都傷神；但如果這一天啥都不做，後果可能不堪設想……，一種情人節，多處惹閒愁。

節日本無罪，只是撩撥內心深層的孤獨感，標榜與情人共度的日子，刻意強調愛侶、陪伴的氛圍中，獨來獨往難免平添寂寥。常聽到的男女心事不外乎「只想有人陪」，我總笑回：「有人陪就不孤單了嗎？」此話絕非抬槓或安慰，私密心靈如此深邃幽微，豈是另一個個體所能全面觀照？無論生活形式是兩人相處，還是一人獨處，我們終究都必須學會「安然自處」這個終身課題！

情人節，看著儷影成雙，別急於顧影自憐，說不準一個人的你，其實過得更舒坦快意呢！

熟齡紀事

愛情其實非常狡猾，一個人未必更孤獨，兩個人未必更幸福。

你的快樂不是別人的責任，緣起緣滅，都要彼此尊重，瀟灑看待。

小確幸何妨

新年伊始，破舊立新，不免俗地許幾個心願，冀望這一輪起的三百六十五天日日平順，少憂煩，多喜樂！

多麼陽春保守的願望，的確啊！年紀越大，心願越小，相對於青春飛揚躊躇滿志，如今的想望，縮減到小日子的最低限度，安樂即可。莫說中年人鬥志消沉，不思進取，行過半生，基本上，該擁有的、能享受的，差不多都已完足；始終求之不得的，恐怕未來實現率也不高。接受欠缺，領會不完美，便能好好凝神、珍視眼前所有，知足平凡生活裡的微幸福，小確幸也很美！

幾天前到賣場採買日用品，在收銀台處，看到另一輛推車上載滿戰利品，研判購物者應該正準備開跨年趴，果然，一結完帳，一行人馬上拿起採買的紅酒、食物當道具，併肩比 YA 當場拍照留念，有點年紀的男男女女笑得開懷，在人群中十分搶鏡，簡單的幸福，甚至感染了我這個旁觀的陌生人。雖然素不相識，不過這一群自得其樂於小事物同好，讓我當下倍感親切，明明不是我的歡樂趴，卻好似也是屬於我的喜悅，心底不禁跟著燦笑了起來。

「減輕壓力的好辦法，就是少存一些得失心，多用一些欣賞心。」聖嚴法師的自在語錄，一直讓我受用。大約是在年過四十之後，我才真正開始學習這種快樂的心理運作模式，畢竟中年是個面臨各種「失去」的人生階段，所有一切都在點滴消逝中，自己本身體力、記憶力的衰退；周遭長輩親朋的老病離去；長成的下一代獨立遠颺……，真實生命經驗告訴我們：失去是現在進行式，而過去、未來都不可得。為了不被失落吞噬，我們只能被迫累積正向心量，才能處之泰然，偶爾我會暗自慶幸，還好除了皺紋、白髮和體重，隨歲月正比成長的，還包括「感受幸福」的能力。

在剛過去不久的一年，我又失去了一位故友，已經連著好幾個歲末，送別「英年早逝」的同儕、故舊，彷彿年終魔咒。時至今日，終於懂得從前大人們口中的「年關難過」是怎麼回事，原來所謂「關卡」，指的是如此殘酷的生死難題。就算歷經了幾次，面對逝去，我依舊傷感，常想著：在生命嘎然而止的那一刻，還沒做好準備的靈魂，不知留有多少未了之願？總聽人說，臨終時的牽掛會帶到下輩子，如果可能，我會年年期盼所有人都不留遺憾，無論任何日常細瑣，都是抓在手中的幸福。

熟齡紀事

在人生的漸漸失去中，我們同時也漸漸在收穫。

讓「感受幸福」的能力隨歲月一起成長。

山與海的對話

一直以來，我喜歡海更勝於山。

遠因要回溯到十來歲左右吧！家族旅遊南台灣，終點來到觀光客尚未大量湧入的墾丁，沙灘素淨，海水正藍，都市小孩生平頭一遭零距離親近大海，乍見波瀾壯闊之勢，海天一色之美，彷彿被大自然的魔幻力量啟動感官樞紐，頓時眼明心開。懵懂中，第一次體嘗天空海闊的滋味。

再接觸壯麗山海已是多年後，高中時期參加救國團自強活動，這是我們成長年代最熱門的寒暑假營隊，擠破頭才搶進一個花東健行的名額，當時，其實尚有其他堪稱流行的選項，例如：戰鬥營、拓荒隊等，但青少年的心中就是固執地想往東部走，原因無它，只為親眼一睹傳說中的太魯閣奇景，以及太平洋之濱的斷崖絕色。

太魯閣牌樓下，觀光客們忙著見縫卡位，搶拍「到此一遊」紀念照，這是我花東之旅的印象起點。坦白說，這是個不太美麗的記憶點，自己分明也是外來客，叛逆期偏自以為與眾不同，內心不斷自我強調：「我可不是來觀光的！」一時間還有點後悔，懊惱何必千辛萬苦跑到東部來人擠人。

然而，隨著健行路線深入幽微曲徑，所思所感也百轉千折。峽谷壁立千仞，鬼斧神工，一條立霧溪竟如上帝之手，以時間換取力量，將堅不可摧的大理岩層一切為二。風景線上渺小的人群只能列隊憑欄倚望，震懾於激流拍岩如驚濤裂岸，那時我就知道了，人定不能勝天，腳下踩踏的公路步道，是來自人的意志與犧牲，並不是如課本上說的以人力贏了天地。萬物所為皆在天地注視之下，永遠不可能逾越自然與之匹敵。該服氣的，就虛心敬仰。

近幾年，因著故舊邀約，幾乎每個夏季都會走一趟花東。前年舊地重遊燕子口，景緻蒼幽磅礴依舊，人卻已逐漸白了頭，對自然的敬畏又多了幾分。

如果說國境之南如豔光四射的明媚佳人，那麼東海岸就像江湖俠客，始終帶著有點稜角的草莽氣息。某次無意間闖入人煙稀少的和仁礫灘，沖積碎石映襯著湛藍海水，自成一股剛毅氣息，絕配連綿的巨大岩脈，山海相偎，迸射出狂野幻麗，風格獨具。那天，在一個不太熱門的景點，拍下生平最滿意的照片，再次被大海收服。

生長在四面環海的美麗之島，卻大半輩子困在水泥叢林中，真正能親近海濱山嵐的機會少之又少，因而格外珍惜每一次與山海的相逢和偶遇。去年盛夏花蓮遊，起早奔赴洄瀾等待日出，乘坐竹筏海灣巡禮，有老友結伴感動滿懷。期待著今夏的花東行，有緣再見旭日東昇，普照人間。

中年人的水龍頭

若不是放映廳迫不急待大放光明，眼角殘淚還能隱身黑暗悄悄拭去，豈料影城換場如此高效，兩頰未乾的淚痕瞬間無所遁形，腦中一個「糗」字才剛成形，轉頭立即瞥見鄰座友伴雙眼浮腫外加鼻頭通紅，誇張程度有過之而無不及，下一秒，兩人四目相視，同時破涕大笑，原來，中年愛哭包並不孤單。

「奇怪，剛才是有那麼感動嗎？不過看場電影，幹嘛搞得這般梨花帶淚的？」「最近莫名其妙變得越來越愛哭了。」中年婦女甩乾淚珠後的自我解嘲，其實深具理性，咱倆交換感悟之際都心知肚明：不用懷疑，這正是典型的初老症狀！

當然，我們實在無法不盛讚商業影片操作手法之高明，花大錢衝擊感官，耍心機刺激淚腺，狀似輕鬆地勾引觀者，一步步地進入它的陷阱設定當中，然而，我們的確輕易上當了，盯著銀幕上虛構的故事，演著自己的內心戲，那些述說、悸動穿梭虛實，游移在回憶與感受之間，編劇懂人性，我們明白人生，眾人同在一個封閉場域裡自我投射、同理感受，涕泗橫流是集體經驗在空中交流後的具體織網。

事實上，人生有段時期我極少哭泣，大約是在過了為賦新辭強說愁的青春期後那幾年，年輕心靈有股莫名的倔強，拒斥外來的感性刺激，鎖住眼睛水龍頭，硬是不讓淚水滴落。我以為那是因為初中時，意外失去了一位要好的同學，面對人生第一次突如其來的逝去，哭得太兇太猛，所以把眼淚的配額提早用完了。後來入職場經歷幾回生離與死別，那種錐心刺痛仍在，水龍頭開啟一發不可收拾，證明淚腺並沒有故障阻塞，尤有甚者，現在連別人的悲苦，都能長驅直入自己的心坎。以前長輩說：「人生看多了就會看淡。」我倒覺得不盡然，「看淡」指的應當是對自己釋然，對他人反而因此能看重了。

人屆中年會衍生的特異功能之一，正是這種「感同身受」的能力大幅提升，切身經歷過的，直接命中紅心了然於胸；純屬他人的際遇，也總有幾分似曾相識，換位理解，溝通無礙。曾野綾子寫「中年以後」稱之為「餘裕」，形容得貼切適當，對，就是餘裕，多餘的念想空間，放寬了對自身以外人事物的觀照心思。中年式觸動，讓我們進階下一堂的群己課程，幾滴淚CP值很高。

熟齡紀事

不要只用特寫鏡頭看自己，用廣角鏡看世界，同理他人使人生更寬闊。

人間好時節

小時候，暑假是全年最值得期待的歡樂時光。

慶幸當時還沒有討厭的大人發明所謂「暑期輔導」這種玩意兒，剝奪我們僅此一回的童年歡快。整整兩個月貨真價實的假期，唯睡到飽、吃到爽、玩到嗨而已，完全達到放空享樂的最高境界。

每當我如此得意洋洋陳述童年趣事，便會招來年輕一輩狐疑的目光：「就算你們那時不用上課，難道沒有一堆暑假作業？」好問題，不過誰會在仲夏美夢中拿暑假作業來掃興？當然是等到開學前幾天，才開始緊鑼密鼓地趕進度，三天拼完三科習作，兩天寫完兩個月日記，就算少了最後衝刺那幾天，前面還是爽快度過五十多天悠哉的好日子，划算得很！

之所以追憶起那段不長進卻無比幸福的小歲月，起因於無意間讀到的一則真人故事：一個即將升上小六的學童哀求母親：「這個夏天，能不能別再送我去安親班了，小學六年我從沒過過暑假！」童言童語透露的渺小心願令人鼻酸，也道盡家長兩頭燒的無奈。我想，如果可以選擇，絕大多數的父母，其實都極願為孩子創造繽紛燦爛的夏日回憶吧！

據說，這故事的結局有點殘忍，媽媽終究不敵現實，非得上班無暇他顧，所以小男孩揮別童年前的最後一個暑假，還是百般不願地在安親班度過。

朋友日前在臉書寫下「不怕鬼門開，只怕校門關」的無聊梗，他也是左右為難的父母之一，雖是應景的網路玩笑語言，也如實反映出現代父母難為。每年六七月分，我都會接收到來自四面八方的暑期度假大作戰計劃，有家累的朋友們，無不絞盡腦汁安排各種才藝班、夏令營、親子出遊，或者苦惱於上班時間該將孩子託付給誰？當然，對一般小資家庭來說，假期開銷規劃也是重點項目，傷神且傷財，往往是這個燦盛季節的必然附屬品。一個暑假，大人小孩兩種情懷。

從前我以為只有學生喜歡放假的感覺，後來命運轉折有緣執起教鞭，才親身認知：原來老師也愛寒暑假。期末考結束後一週，按下教學系統成績上傳確認鍵，瞬間身心輕快飛揚了起來，成年後的暑假，自帶一種失而復得的神奇快感，即便下一刻回頭，面對的分明仍是中年生活裡永不止息的現實疑難。

不忙孩子，忙父母；不忙家庭，忙工作。回不去童年純真無憂的夏日時光，至少，一杯啤酒沁心涼，就算閒事掛心頭，還是人間好時節。

熟齡紀事

辛苦了多久，划算嗎？你或許不需要更富有，你需要的是更快樂。

有事忙碌，有人牽掛，平安活著，還有力氣抱怨，其實人生已非常美好。

大齡女子

彭佳慧的歌聲總是動聽！

高亢裡有溫柔，嘹亮中帶婉約，〈舊夢〉慵懶醉人，〈相見恨晚〉深情惆悵，戴上耳機，美嗓樂音多年陪伴我搭車、步行，走遍全城不孤單。忠實鐵粉如我，唯獨對〈大齡女子〉的歌詞內容很有意見。

「女人啊，我們都曾經期待能嫁個好丈夫，愛得一蹋糊塗，也不要一個人做主……」「女人啊，我們誰不曾盼望，有一份好歸宿……總有一天可以被所有人羨慕……」單身大齡女子心中所思所盼，真是如此這般依附在對愛情婚姻的憧憬之上嗎？

現實生活裡，實在不多見。

與流行歌曲較真，說來有點幼稚可笑，就像同事看完電影之後，很認真的評論影片中電視新聞工作的情節失真，敗筆破綻如「SNG現場連線，文字記者拿著麥克風一個人拼命往前衝，沒拉線也沒攝影，畫面哪來？」想當年，我還大大嘲笑了對方一番：「不過娛樂嘛！精彩看點在俊男美女，幹嘛那麼認真。」原來，我們這行都很務實，誰也不比誰浪漫。

看愛情文藝片的，劃錯重點挑剔場景細節；聽浪漫情歌的，計較歌詞偏頗扭曲心聲，其實，這等模樣才是多數職場上現代「大齡女子」的真面目——實事求是。即便心中仍燃有愛情火苗，自我主體意識依然高漲，有朝一日走進婚姻，還得花點心力練習不再「一個人做主」的家庭生活。如果適應磨合大致良好，恭喜！找到「好歸宿」了，眾口祝福美事一樁。至於結個婚「讓所有人羨慕」，別鬧了，多數人上了年紀，都會有雙靈犀之眼，透徹婚姻本質，不輕易認證也不隨口臧否，把幸福詮釋權留給當事人。

身邊當然還是不乏嚮往婚姻的單身好女郎，情路上幾經跌宕，依舊不改其志，渴望成家，除了對於愛情永恆的追尋，期待「有人陪」，是中年此刻更深層的心理需求。所幸，我認識的她們，完全不帶一絲歌詞裡的哀怨氣息，「櫃子裡那件最美的衣服」從不管誰在不在乎，買來就穿，及時行樂，在遇見婚姻之前，先遇見自己。

大齡女子可貴在此，經濟與精神上獨立，於是自然懂得隨緣盡分了，有時姻緣來到眼前，反倒躊躇卻步，成熟的聰慧女子感性追求，理性明辨，心中了然，能在婚姻裡遇見愛情，是幸運；沒能在愛情裡遇見婚姻，有時候，可能是另一種幸運。

熟齡紀事

有一種愛情是兩個賭徒相遇，輸贏端看兩人一起防老千，還是自己耍老千。

經濟與精神獨立，沒有愛情也能過出美好人生。

中年宅

「真感謝網購，我已經好久沒逛街了，反正網路什麼都買得到，而且好像也沒什麼需要的，這輩子該買的似乎都買夠了。」一位媽媽親友如是說。

「現在休假日都不出門了，一個人宅在家看書，不說話沒人吵，非常享受。」一位單身好友的日常描述。

「這幾年變得不太愛熱鬧，很少出去應酬，也說不上來為什麼，就是突然不想勉強自己了，現在會一起吃飯的，就是那些很熟的老朋友。」昔日應酬大戶如此自我剖白。

購物女王不想逛街，嗨咖無心再玩，以往成天流連在外的一干人等，年屆半百大轉性，不約而同宅在家，一個個由絢爛歸於平淡，生活世界越來越單純，物質需求越活越清簡，「中年宅」正悄悄蔓延，人數隱隱增加中。

我暗自戲稱此為「中年宅生活運動」，概念上近似當前風行的「斷捨離」說法，只是處分對象為「內在雜念」，而非身外雜物（雖然兩者之間經常互相連動），多餘的慾望、無益的言談、耗神的酬酢，舉凡隨著生活複雜化而莫名衍生的附屬活動與交際，都應列在掃蕩清單中。

有別於以理智驅動來簡化物質生活，人生中途站的「宅運動」，比較貼近精神面，清淨樞紐從心啟動，往往大腦還沒轉過來，舉止已然先行，例如：不過是「懶得去哪裡、懶得做些什麼……」，結果，不自覺一起過濾掉部分的淺交人際，過了一陣子才猛然察覺生活圈變小，但想想也沒因此有啥損失，熟絡的人都還在身邊；又如「只是想待在家」那單純一念，架上的書終於得見天日，幾天下來，世界非但沒縮小，反而在汲取他人思想能量後更形放大。

人的心態轉折，似乎從不需要任何特別強而有力的理由，彷彿時間到了，自然而然就會進行內在調節，淡出前個階段的熟悉感，適時轉進下一種自在合宜的運行模式。這種歷程其實並不陌生，中年以前也實際經驗過幾回流轉變化，只不過這次明顯地，「意識力」蠢動得特別厲害，對於自己想要什麼、不要什麼、該取的、該捨的，好像突然開竅般明確果斷了起來。

於是，無需藉由外力或刻意提點，心緒即可稱職巧妙地協助我們明辨需求，注意力安住於心，前所未有地認識自己。村上春樹說：「只要繼續活著，對自己這個人就會有新發現。」宅在家，尤其一個人獨處的時候，格外有體會。

熟齡紀事

把內在雜念、外在雜物都掃蕩開來，才能發現埋藏的自己。

甘苦人生

許多女孩羨慕她！職場上擁有一片天，三十後嫁入富貴人家，老公愛，公婆疼，孩子乖，還有隨夫家關係更加廣闊的社交圈，以及本身公益善行回饋心靈的富足，財富、名聲、愛情、親情、朋友……綜觀世間一切象徵「幸福」的正向指標，她一樣不缺。

別說是外人，連她自己都難以置信，人生竟會峰迴路轉得如此戲劇化，眼前的光鮮圓滿，比之前半生堅忍悲苦的成長歲月，宛如兩個斷裂開來的人生。生命的地獄與天堂，她在五十年間，已經切切實實巡禮過一回了。

與她聊天，經常看到淚水流溢，過往經歷加上天性柔軟，使她非常易感——感同身受他人的破碎殘缺，為別人的悲歡而觸動感傷。她卻不愛談自己的故事，雖然沒有避諱，但盡可能不去深掘，心裡還沒完全準備好，與其勉強回頭望，不如積極向前。

她確實這麼活著，每一天都過得充實精采，彷彿要將先前錯過的、遺憾的，在最短時間內補好填滿。依照她的樂觀理論：「補課人生要歸功於先苦後甘，因為後面甘，才有能量彌補前面的苦。每個人都有他的黑暗期，幸虧我先經過了。」這般神采自信，我想，一方面基於苦盡甘來滿足現狀，同時也由此映照著閃亮的未來吧！

人活著，終得有個盼望，無論實現與否，「盼望」本身就能帶給人前行的力量。為了望向美好的明天，告訴自己先蹲後跳能跳得更高更遠，多少就稀釋了一點苦味，其後的快樂也將更顯甘美。不過，並非所有人都同等幸運，先苦的結果不必然是甘甜，努力不保證成功，因此，「活在當下」儼然成為顯學，許多務實者寧可「先甘了」再說。

前陣子讀一本人物傳記，其中有一段描述，作者敘述他在美國修心理學時，教授出題問到：「如果你預知自己能活七十歲，兩種活法：第一是前六十年快樂，最後十年痛苦；第二是前六十年痛苦，最後十年快樂，你選哪一種？」在那個課堂上，大部分美國學生答案是第一種，雖然依時間比例思考，同學們的選擇相當合理，作者當時仍感到驚訝，身為小留學生，他很早就明白從快樂陷入痛苦，會給人帶來的絕望。當然，他與眾不同地選擇了答案二，把人生留給盼望。

真實的人生，自然不同於模擬題極端的二擇一，牽涉到非常複雜的因素。選擇沒有對錯，而人生的習題總是很難，這一題，我沒有答案。

熟齡紀事

「先苦後甘」或「先甘後苦」，無論別人推薦哪個方案，你甘願就好。

眼裡的風景

八成滿的捷運車廂內，突然電話鈴聲大作，手機主人忙亂地還來不及掀開保護蓋，另一隻手拎著的塑膠袋砰地猛然掉落，袋裡豐盛的早餐灑滿一地。

來電還以極大音量持續響著，莫名闖了禍的老先生，慌張無奈地面對周遭乘客的注目禮，以及滿手濕黏和地上一坨摔成爛泥的麵線，不知如何是好之際，對面陌生的年輕男孩遞過幾張衛生紙，左右鄰座幾個女學生也快速搜尋包包裡的面紙，七手八腳地協助善後，不一會兒功夫，狀況解除，當事人安下心，地面也恢復潔淨。

這是某個週一早晨搭車遇見的小插曲，原本身心還處於迎接 blue Monday 的懶洋洋狀態，短短幾分鐘，突然從休假的夢裡活醒過來，接下來一整天，都受惠於那幾個熱心年輕人帶來的好心情，再次感受到生活在這個城市裡的幸福溫度。

幾天後與人談起這事，盛讚台北宜居，台北人友善熱心，處處溫情，朋友調侃：「妳也太容易滿足了吧！這麼小的事情。」被這麼一提醒，我還真費了點力氣蒐尋記憶庫，回溯什麼時候開始養成了「幫自己找樂子」的好習慣？繼續再往腦海深處鑽探，想起似乎也就是從那時起，生命裡的好事逐漸變多了。

有些人先天就具有「捕捉美好」的靈敏嗅覺，能夠輕易地從細瑣微小的事物中發現光彩，活得相對輕鬆，煩惱不久留。與他們相處，即使稱不上如沐春風，至少絕對低壓迫感，我一向羨慕這種「輕盈的靈魂」。中學時，一位從小誓願從事神職工作的同學，第一次讓我見識到所謂「人間天使」——輕輕柔柔飄在半空中，雙眼彷彿能夠靈視貫穿人事物裡的所有美好。在那個躁動叛逆、凡事都不順眼的青春期，同儕「小天使」結結實實為我上了一課。

類似這般美麗的人際碰撞，爾後又有好幾回，見賢思齊的嚮往，宛如一股強大拉力，把人帶到想要親近的特質身邊，如是因緣累積循環，讓本性不是那麼樂觀的我，得有後天的機會學習開朗，把性格裡的粗糙，磨礪得稍加光滑一點，連帶使得駑鈍的神經，也能偶發性地敏銳起來，偵測到周遭的美妙氣息。

也許因為生命的鼓勵，現在的我，越發樂於串起那些小小的愉悅。眼裡的風景，與內心的感受、外在的境遇相互為用，不必太多玄妙解釋，快樂幸運自然就在不遠處。

熟齡紀事

在微瑣細小之中也能發現亮點，生活裡的好事就會開始變多。

大叔大嬸的愛

前陣子跟風追了部韓劇《我的大叔》，此劇在朋友圈引發熱議，播畢，一片悵然，劇終人未散，眾多迷哥迷妹們仍深陷大叔魅力難以自拔！

關於這幾年韓劇如何精益求精、劇本細密、表演到位，並非本文討論重點，畢竟周遭神人級追劇高手環伺，絕非我這種業餘三腳貓可以點評，不過在焦點匯聚於男女主角忘年相惜的眾聲喧嘩之外，我倒想聊聊大叔身旁那位大嬸的感情世界。

律師大嬸一出場，註定就是個不討喜的角色，丈夫飽受職場上司鬥爭欺壓，她卻偏挑此等陰險小人搞婚外情，每晚假加班之名行偷情之實，幾幕纏綿悱惻，令螢幕前的我等正義之士憤慨不已。但真正讓人為之氣結的橋段還在後面，年輕女主角發現小王主管的醜事，竟如呼吸般自然地脫口而出：「為什麼要跟大嬸外遇呢？即使她再漂亮也是大嬸啊！」哇！這話言重了，直接挑動熟女們的敏感神經，瞬間哭笑不得，外遇於道德面固然不可取，可是誰說大嬸就沒資格談情說愛了呢？

愛情是千古述說不盡的題材，多少浪漫衷情圍繞著風華正茂的芳齡男女，彷彿在向成年人揭示：愛情的比重與年歲恰成反比。時間，稀釋一切喜怒哀樂，包括愛情，年深月久由濃轉淡，像是一套固定的人生公式。劇中大叔代表順受自然演化的一方，下班途中日復一日地問著妻子：「要買什麼嗎？」經典台詞是他忠誠顧家的寫實表達，卻也映射出白開水似的婚姻生活。

身為熟女觀眾，我對大嬸的作為不諒解但能理解，女人是水做的，不分年齡都渴盼柔情，如果中年之愛只許索然無味，「麥迪遜之橋」就不會教人淚濕衣襟，「失樂園」也僅止道德撻伐。愛的風貌時而輕狂激亢，時而寬容婉約，緊隨不同人生階段流動塑形，本質其實未曾改變。歲月不會捨棄愛情，怕的是，我們忘了給自己留點餘裕。

事業有成的姐妹淘年過五十才覓得良緣，等了半世紀的婚禮，簡單素樸，情意不減；另一位老同學梅開二度，挽著小她十歲的現任老公，郎才女貌，從小就光采耀眼的她風韻更甚以往。當然，愛的結局未必是一紙婚約，體現愛情也不盡然只有激情歡愉，重要的是，當幸福來敲門，與其追憶似水年華，大叔大嬸們，不妨勇敢追愛吧！

熟齡紀事

愛情能燃起烈火，也可能燒出灰燼，要學著控制好火勢、保持好餘裕。

夏花與秋葉

到了某個年歲以後，不知不覺喜歡上秋天。

幾位好友深有同感，我們導出一致結論：人生時節對應四季流轉，中年連結秋天，自然對它別有一番親切滋味在心頭。

其實在此之前，四季裡我最鍾愛夏天，雖然台灣盛夏酷暑難當，時不時還來個破壞力驚人的午後雷陣雨，可我就喜歡那種「日頭赤焰焰」熱力四射的飽滿陽光，也頗為享受每天緊接而來，又急又快的傾盆大雨，兩種毫無保留的極致對撞，真是暢快得淋漓盡致！

青春期有陣子甚至不知天高地厚，日曬雨淋都不加防護，對打傘、防曬之類的行為莫名地嗤之以鼻，沒來由的瀟灑自信，果然養成不少後遺症，除了大小感冒不斷，最慘烈的一次教訓，是曾在某個毫無遮蔽的戶外採訪現場，明知當天高溫灼人，卻只戴了頂自以為帥氣的棒球帽，在豔陽下連續曝曬好幾個小時，導致裸露在帽緣外的兩隻耳朵差點被烤焦，紅腫成兩倍大。結束任務回到台內，還引來長官調侃訕笑：「叫妳去現場連線，怎麼還外帶紅燒豬耳朵回來了！」

經此一役，我再也不敢小覷日正當中的熱辣神威，淪為笑柄事小，復原過程皮肉痛到最高點才叫難忘。在那個連初老都還談不上的年紀，已經隱隱開始虛心認清自己的脆弱和有限，學習在大自然面前要收斂起莽撞張狂。不過「紅燒豬耳朵」可沒嚇跑我，二十四節氣中，夏至依舊是深得我心的好日子，在領略了更多春夏秋冬之後，才朦朦朧朧體會到那股原始奔放的夏日熱情與生命意義的連繫，或許在無知無意之間，不必具備詩人的細膩巧慧，凡夫自會演繹「生如夏花之絢爛」的奧妙真義。夏日迷人的真相，原來是對生命盡情綻放的熱切期待。

時序上，人生入秋了，生命力多少隨繁花逐漸凋零衰微了些，確實，典型秋意象徵的惆悵、蕭瑟、離愁，在此刻的風景裡一樣也不缺。然而換個視角，豐盛秋收和圓滿皓月蔚然開展眼前，所謂成熟，可能就是這麼回事，擺脫了溽暑的汗流浹背心浮氣躁，濾出陽光精華持續照耀下半場人生路，迎著秋涼的爽快，猶存幾許溫暖明亮，人生好時節莫過於此。回頭看，得以一路平安，從春花賞到秋月，這段旅途本身就值得大力叩謝。來到中年，願望很簡單，不過是企盼在最後一片秋葉落下之前，輕盈自在地享受靜謐時節。

熟齡紀事

怎能不好好欣賞呢，這一生的旅途太精彩，而我始終流連於每個季節都太美。

0AHT0027
心靈方舟

秋葉落下之前：活在燦盛熟齡時

作者　　詹慶齡
設計　　mollychang.cagw.
內頁完稿　小草
主編　　唐芩
企劃　　一起來合作
行銷經理　王思婕
總編輯　　林淑雯

出版者　　方舟文化出版
發行　　遠足文化事業股份有限公司
231 新北市新店區民權路108-2號9樓
電話：(02)2218-1417　　傳真：(02)8667-1851
劃撥帳號：19504465　　戶名：遠足文化事業股份有限公司
客服專線　0800-221-029
E-MAIL　service@bookrep.com.tw
網站　　www.bookrep.com.tw
印製　　通南彩印股份有限公司　　電話：(02)2221-3532
法律顧問　華洋法律事務所　蘇文生律師

定價　　380元
初版一刷　2021年4月
初版五刷　2023年10月

方舟文化
讀者回函

方舟文化
官方網站

國家圖書館出版品預行編目(CIP)資料

秋葉落下之前：活在燦盛熟齡時/詹慶齡著. -- 初版. -- 新北市：
方舟文化出版：遠足文化事業股份有限公司發行, 2021.04. 224面；
14.8×21公分. --(心靈方舟；AHT0027) ISBN 978-986-06263-4-6(平裝)
1. 自我實現 2. 中年危機 3. 生活指導　177.2　　110003391